Commodity Handbook

コモディティ ハンドブック

貴金属編

〔第2版〕

日本商品先物取引協会 〔著〕

一般社団法人 金融財政事情研究会

目　次

金

1. 金の歴史と魅力 ……………………………………………… 1

2. 金の商品特性 …………………………………………………… 3

　（1）金の物質的・科学的特性 ……………………………… 4
　（2）金の精錬方法 …………………………………………… 5

3. 金の価格変動要因 ……………………………………………… 6

　（1）金ETF（上場投資信託）……………………………… 7
　（2）主な価格変動要因 ……………………………………… 9
　　① 景気動向 ………………………………………………… 9
　　② 為替要因 ………………………………………………… 10
　　③ 金利動向 ………………………………………………… 11
　　④ 株式市場 ………………………………………………… 12
　　⑤ 公的機関の売却・購入 ………………………………… 13
　　⑥ アジア、中東地域の需要動向 ………………………… 14
　　⑦ CFTC建玉明細報告 …………………………………… 16

4. 金の需給 ………………………………………………………… 17

　（1）供　給 …………………………………………………… 17
　　① 鉱山生産 ………………………………………………… 18
　　② 二次供給 ………………………………………………… 25
　　③ 公的機関の売却 ………………………………………… 26
　　④ 鉱山会社のヘッジ ……………………………………… 29

- ⑤ 退蔵放出 ……………………………………………… 31
- （2） 需要（用途） …………………………………………… 31
  - ① 宝飾品 ………………………………………………… 32
  - ② エレクトロニクス、その他工業用 ………………… 32
  - ③ 歯科用 ………………………………………………… 33
  - ④ 公的金貨 ……………………………………………… 34
  - ⑤ 退蔵用需要 …………………………………………… 36

5．世界の金市場 ……………………………………………… 37

- （1） ロコ・ロンドン ………………………………………… 37
- （2） ロンドン市場 …………………………………………… 37
- （3） ニューヨーク・マーカンタイル取引所 ……………… 38
- （4） 東京商品取引所 ………………………………………… 38
- （5） チューリッヒ市場 ……………………………………… 39
- （6） 香港・上海市場 ………………………………………… 40

6．情報ソース ………………………………………………… 41

- ① トムソン・ロイターGFMS ………………………… 41
- ② USGS ………………………………………………… 42
- ③ WGC …………………………………………………… 42

7．取引要綱 …………………………………………………… 43

- ○ ニューヨーク金 ………………………………………… 43
- ○ 東京金（標準取引・ミニ取引） ……………………… 44
- ○ 東京ゴールドスポット100 …………………………… 45

銀

1. 銀の歴史と魅力 …………………………………………… 47

2. 銀の商品特性 ……………………………………………… 47

　（1） 物質的特性 ………………………………………… 48
　（2） 科学的特性 ………………………………………… 49
　（3） 銀の精錬方法 ……………………………………… 50

3. 銀の価格変動要因 ………………………………………… 50

　（1） 主な価格変動要因 ………………………………… 50
　　① メキシコ ………………………………………… 51
　　② 中　　国 ………………………………………… 52
　　③ ペルー …………………………………………… 52
　　④ ハント兄弟の銀買い占め事件 ………………… 52
　　⑤ 投機家の動向 …………………………………… 53
　　⑥ 在庫変動 ………………………………………… 54

4. 銀の需給と在庫 …………………………………………… 55

　（1） 供　　給 …………………………………………… 55
　　① 鉱山生産 ………………………………………… 56
　　② 二次供給 ………………………………………… 57
　　③ 公的売却 ………………………………………… 59
　　④ ヘッジ …………………………………………… 59
　（2） 需要（用途） ……………………………………… 60
　　① 工業用需要 ……………………………………… 60
　　② 写真フィルム産業 ……………………………… 60
　　③ 宝飾品・銀製品 ………………………………… 62

　　　　④　コイン・バー部門 ……………………………………… 64
　　　　⑤　投資需要・退蔵放出 …………………………………… 64
　　（3）　在　　　　庫 ………………………………………………… 64
　　　　①　政府保有在庫 …………………………………………… 65
　　　　②　取引所・ディーラー在庫 ……………………………… 65
　　　　③　民間退蔵、メーカー在庫 ……………………………… 65

5．世界の銀市場 ……………………………………………………… 66
　　（1）　ニューヨーク・マーカンタイル取引所 …………………… 66
　　（2）　ロコ・ロンドン ………………………………………………… 66
　　（3）　ロンドン市場 …………………………………………………… 66
　　（4）　東京商品取引所 ……………………………………………… 67
　　（5）　そ　の　他 ……………………………………………………… 67

6．情報ソース ………………………………………………………… 67
　　　　①　トムソン・ロイターGFMS ……………………………… 67
　　　　②　シルバー・インスティテュート（SI）………………… 68

7．取引要綱 …………………………………………………………… 69
　　　　○　東京銀（標準取引）…………………………………… 69
　　　　○　ニューヨーク銀 ………………………………………… 70

白　　金

1．白金の歴史 ………………………………………………………… 71
　　（1）　白金の発見 ……………………………………………………… 71
　　（2）　大鉱脈の発見 …………………………………………………… 71

2. 白金の商品特性 …………………………………………… 72

- （1） 物質的特性 ………………………………………… 72
- （2） 科学的特性 ………………………………………… 72
- （3） 特性に基づく用途 ………………………………… 73
  - ① 耐蝕材料 ………………………………………… 73
  - ② 触　　媒 ………………………………………… 73
  - ③ 電気工業 ………………………………………… 74
  - ④ 耐熱性利用 ……………………………………… 74
  - ⑤ 装　身　具 ……………………………………… 75

3. 白金の価格変動要因 ……………………………………… 75

- （1） 主な価格変動要因 ………………………………… 75
  - ① 南アフリカ共和国（南ア）での政治・経済情勢 ……… 75
  - ② ロシアの売却 …………………………………… 77
  - ③ 主要消費国の景気動向 ………………………… 78
  - ④ 為替要因 ………………………………………… 78
  - ⑤ 排ガス規制と新型触媒開発 …………………… 79
  - ⑥ 戦略物資 ………………………………………… 79
  - ⑦ 投資資金の動向 ………………………………… 80

4. 白金の需給と在庫 ………………………………………… 80

- （1） 供　　給 …………………………………………… 80
  - ① 供給の特徴 ……………………………………… 80
  - ② 鉱山生産 ………………………………………… 81
- （2） 需要（用途） ……………………………………… 86
  - ① 需要の特徴 ……………………………………… 86
  - ② 主な需要部門 …………………………………… 87
- （3） 在　　庫 …………………………………………… 90

5．世界の白金市場 …………………………………………… 91

  （1）　ロコ・チューリッヒ …………………………………… 92
  （2）　ロンドン市場 …………………………………………… 92
  （3）　東京商品取引所 ………………………………………… 92
  （4）　ニューヨーク・マーカンタイル取引所 ……………… 93
  （5）　上海黄金交易所（SGE）……………………………… 93

6．情報ソース ………………………………………………… 94

7．取引要綱 …………………………………………………… 95

    ○　東京白金（標準取引・ミニ取引）…………………… 95
    ○　ニューヨーク白金 ……………………………………… 96

パラジウム

1．パラジウムの歴史 ………………………………………… 97

2．パラジウムの商品特性 …………………………………… 97

3．パラジウムの価格変動要因 ……………………………… 98

  （1）　主な価格変動要因 ……………………………………… 98
    ①　主要消費国の景気動向 ……………………………… 98
    ②　ロシアの売却 ………………………………………… 98
    ③　新型触媒開発 ………………………………………… 99
    ④　戦略物資 ……………………………………………… 99
    ⑤　投資資金の動向 ……………………………………… 99

4．パラジウムの需給と在庫 …………………………………… 100

（1） 供　　給 ……………………………………………………… 100
① 供給の特徴 ……………………………………………… 100
② 鉱山生産 ………………………………………………… 102

（2） 需要（用途） …………………………………………………… 104
① 需要の特徴 ……………………………………………… 104
② 主な需要部門 …………………………………………… 105

（3） 在　　庫 ……………………………………………………… 110

5．世界のパラジウム市場 ………………………………………… 110

（1） ロコ・チューリッヒ ………………………………………… 110
（2） 東京商品取引所 ……………………………………………… 110
（3） ニューヨーク・マーカンタイル取引所 …………………… 111

6．情報ソース ………………………………………………………… 111

7．取引要綱 …………………………………………………………… 112
○ 東京パラジウム ………………………………………… 112
○ ニューヨーク　パラジウム …………………………… 113

巻末データ

チャート1　ニューヨーク金ドル建て現物相場週足 ………… 115
チャート2　ニューヨーク金ドル建て現物相場月足 ………… 115
チャート3　東京金先限週足 ……………………………………… 116
チャート4　東京金先限月足 ……………………………………… 116
チャート5　ニューヨーク銀ドル建て現物相場週足 ………… 117
チャート6　ニューヨーク銀ドル建て現物相場月足 ………… 117

チャート7	東京銀先限週足 ………………………………	118
チャート8	東京銀先限月足 ………………………………	118
チャート9	金銀比価（ドル建て現物ベース換算）………	119
チャート10	ニューヨーク白金ドル建て現物価格週足 ……	119
チャート11	ニューヨーク白金ドル建て現物価格月足 ……	120
チャート12	東京白金先限週足 ……………………………	120
チャート13	東京白金先限月足 ……………………………	121
チャート14	ニューヨークパラジウムドル建て現物価格週足 ………………………………………………	121
チャート15	ニューヨークパラジウムドル建て現物価格月足 ………………………………………………	122
チャート16	東京パラジウム先限週足 ……………………	122
チャート17	東京パラジウム先限月足 ……………………	123
チャート18	ユーロドル月足 ………………………………	123
チャート19	ドル円月足 ……………………………………	124
チャート20	日経225月足 …………………………………	124
チャート21	NYダウ平均株価月足 ………………………	125

金

1. 金の歴史と魅力

金が発見されたのは紀元前4000年頃といわれている。最初は砂金として産出されていたようで、以来、その華麗さと荘厳さ故に、原始から古代においては宗教・装飾用などの権力の象徴として用いられた。

金が貨幣の1つとして用いられ始めたのは紀元前3600年頃のエジプトで、世界で初めて金貨が造られたのは紀元前650年頃のリディア王国（西トルコ）といわれている。その後、ペルシャがリディアを征服し、全オリエントを統一する過程で、鋳造貨幣が広く流通した。もっと

も、古代社会においては金の産出量が少なく、むしろ鋳貨の中心は銀であったといわれている。

15世紀に入ると英国で金貨と銀貨が法定通貨として流通し、この時期をもって金銀複本位制の始まりとする説もあるが、正式には18世紀といわれている。1717年、当時英国の造幣局長を務めていたアイザック・ニュートンは、悪鋳銀貨を整理するため金銀比価を15.2対1に設定し、金・銀複本位制の時代に入っていった。英国は1816年、「貨幣法」を発布し、正式に金本位制に移行した。これに追随する形で各国が金本位制を採用した結果、国際金本位制が誕生するに至った。金本位制とは、金を一国の通貨制度の基礎に置き、貨幣の単位価値を一定量の金の価値と関連させる制度である。

〈金〉 1

日本では江戸時代に金本位制が確立されたが、江戸が金本位であったのに対して、大坂は銀本位制であった。また、当時の海外の金銀比価が15対1であったのに対し、日本の比価は5対1だったため、幕末には金の海外流出が起こった。

　金本位制に移行した世界の通貨制度は、20世紀に入ると第一次、第二次世界大戦によって混乱期に突入した。第一次世界大戦後、1917年までには主要国が金兌換を停止し、1919年の英国を皮切りに再び金本位制に復帰した。しかし、続く第二次世界大戦で国際通貨制度はさらに混乱し、1944年7月、米国ニューハンプシャー州北部にある行楽地、ブレトンウッズで開催された44カ国代表による国際会議において、国際通貨基金（International Monetary Fund：IMF）と国際復興開発銀行（International Bank for Reconstruction and Development：IBRD）、世界銀行（World Bank）が設立された。これらの機関が代表する大戦後の世界経済秩序は「ブレトンウッズ体制」と呼ばれた。これはIMF加盟各国の通貨を国際貨幣である「金または金と結び付いた米ドル」と一定の為替平価（各国通貨の価値）で結び付け、従来の制度がもつ欠陥を補う「管理された新しい金為替本位制」を目指すものだった。これにより日本の金平価も、従来の1円＝金750ミリグラムから、1円＝金444.3ミリグラム（ドル平価は1ドル＝360円）となった。

　しかしこれも、1950年代末からは、米国の国際収支赤字の膨張などでドルが下落し、米国の相次ぐドル防衛策にもかかわらず、1971年には米国の貿易収支も赤字に転落したことで、世界におけるドルへの信頼が失墜、同体制の維持が不可能になった。そして同年8月15日、当時のニクソン米大統領はついに「金とドルの交換停止」を発表、ブレトンウッズ体制は崩壊

し、金は国際通貨制度から脱落した。そしてその価格も、40年近く続いた1オンス＝35ドルの公定価格が廃止され、これ以降、各国通貨の為替体制は変動相場制へと移行した。

2．金の商品特性

　金は古くからモノ（商品）や資産としての価値とともに、通貨としての役割も果たしてきた。その価値の根源には金の希少性と、いつまでも変わらぬ永遠の価値、インフレに強く国籍をもたぬ通貨としての商品特性がある。

　トムソン・ロイター・ゴールド・フィールズ・ミネラル・サービシズ（以下、トムソン・ロイターGFMS）の「ゴールド・サーベイ2015」によると、2014年末の世界の金の地上在庫は18万3,600トンである。これはオリンピック・プール（国立代々木競技場、長さ50メートル、幅22メートル、深さ1.7メートル）の約5杯分になる。世界の推定埋蔵量は約10万トン（2009年1月現在の数字が最新、米地質研究所：USGS推定）だが、経営面で採算が取れるのはそのうち5万5,000トン（2015年1月、USGS推定）であり、年間3,133トン（2014年鉱山生産）採掘すると17年5か月ほどで枯渇することになる。海底などに未発見の鉱床があるとみられるが、新産金が見込めなくなれば地上在庫を再利用するしかなくなり、金の希少価値はさらに高まるとみられている。

　金の歴史を遡ると、英国で1816年に金本位制が確立し、金が世界経済に組み込まれた。その後は1971年のニクソン・ショックで終焉を迎え、通貨との厳密なつながりが薄れたが、1970年代のオイルショックや2001年の米同時多発テロ、2008年以降の金融危機や欧州の債務不安など、政治経済の不安が高まった時に買われた。

　また、欧州中央銀行（ECB）をはじめとする欧州の中央銀行15行が1999年9月の協定で金の準備資産としての価値を再確認した。中国やインドなどの新興国では、金準備を増やすなどし、公的機関が2010年に20年ぶりに買い越し、その後、4年連続で買い越しの状態が続いている。2014年には前年比約14％増の466トンの買い越しとなり、金本位制終了後、2番目の買い越し

量となった。さらに、各国の金融緩和を受けて年金基金がポートフォリオに金を組み入れたり、ヘッジファンドがインフレ・ヘッジや資金の逃避先（セーフヘイブン）として大量に金ETF（上場投資信託）を保有するなどし、金の魅力は健在である。

　一方、マイナスの材料としては、2014年9月に米国最大の公的年金基金、カリフォルニア州職員年金基金（カルパース）が、高い利回りを狙うヘッジファンドへの投資を停止すると発表しており、これにより同基金が投資している金ETFの売却が進んでいる。また、先進的な運用で知られる同基金に他の年金基金が追随している。

（1）　金の物質的・科学的特性

　金の元素記号はAu、原子番号は79、比重は19.32、融点は1,063℃である。金の物質的・科学的特性として主なものを挙げれば、おおむね次の7つが考えられる。

①空気中や水中においても酸化（腐蝕）しない。また、かなりの高温加熱あるいは溶融しても酸化しない。つまり、空気中や水中でも永久に錆びないという特性をもつ。

②展性、延性が非常に高い。1グラムの金が3キロメートルも伸び、圧延すると0.1ミクロンの極薄の金箔にすることができる。

③融点が1,063℃（鉄は1,535℃、銅は1,084.5℃）で、非常に柔らかく、加工しやすい。

④熱伝導率が0.70と、銀（1.00）、銅（0.94）に次いで高い（アルミニウムは0.53、パラジウムと鉄は0.18、白金は0.17）。

⑤電気抵抗は2.40と、銀（1.60）に次いで低く、電気を通しやすい（白金は9.85、パラジウムは9.93）。

⑥比重は摂氏20℃で19.3と重い（白金は21.45、パラジウムは12.02、銀は10.5、銅は8.93、鉄は7.86、アルミニウムは2.69）。

⑦各種の酸に反応しない。濃塩酸3と濃硝酸1の割合による混合液、いわゆる「王水」と、シアン化アルカリ液、セレン酸、高温の塩素水（塩素漂白剤）には溶けるが、これ以外には酸にもアルカリにも作用されない。

また、金は純金では柔らか過ぎるので、銀や銅などと合金にして使用される。「カラット」とは、この合金の比率を表わす単位で、重量24の24Ｋ（カラット）が純度100％（純金）であり、18Ｋとは純度が24分の18、すなわち75％を意味する。

　金をはじめ貴金属の重量単位は、日本ではグラムだが、米国、欧州等ではトロイオンス（Troy ounce）が用いられる。1トロイオンスは31.1035グラム（32.15074トロイオンス＝1キログラム）であり、貴金属や薬以外の重量単位であるオンス（28.35グラム）とは異なるので注意したい。

（２）　金の精錬方法

　金の主な精錬方法には、水銀法とヒープリーチング法、カーボン吸収法がある。

[水銀法]

　砂金と水銀を混ぜ、金とのアマルガム（合金）を作り、熱で水銀を蒸発させる精錬方法を指す。

[ヒープリーチング法]

　砕いた鉱石を野積みにして、スプリンクラーでシアン化合物を振りかけて金を凝固させる方法を指す。シアン処理費用は、金が3～4グラム含まれている金鉱石1トン当たり最大2ドルかかるとすると、1トロイオンス350ドルの場合、処理費用は1トロイオンス当たり20ドルかかることになる。

[カーボン吸収法]

　カーボン吸収法（カーボン・イン・パルプ法）とは、ヒープリーチング法と同様にして得たシアン化合物の溶液を、ココナッツヤシの殻などから作った炭素を通して、金を炭素に吸着させ、これに高圧・高温をかけた後、電解液層によって金を沈殿させる方法である。この方法は、ヒープリーチング法よりも利用範囲が広く、非常に品位の劣る低品位鉱でも利用でき、かつ鉱石からの金の回収率も高いといわれている。

3．金の価格変動要因

　金の商品（コモディティ）としての側面を重視すれば、価格は需給バランスによって左右される。基本的には、需要超過で上値指向、供給過剰ならば下値指向ということになる。

　しかし金は、銀・白金・パラジウムとは異なり通貨としての側面がある。このため、金価格は絶え間なく変化する世界情勢によっても変動するので、金の価格変動要因は他の貴金属に比べて多い。

　1971年のニクソン・ショックをきっかけに変動相場制に移行した金の値動きをみると、1970年代のオイルショックなどによる上昇とそれに対する修正、1980年代半ばからのもち合いと1990年代後半の下落局面、2001年以降の急上昇・最高値更新の局面に分けられる。1970年代は1973年と1979年の2回にわたるオイルショックにより、インフレが進行した。また、旧ソ連が1979年12月にアフガニスタンに侵攻し、地政学的リスクが高まった。金はこの間、インフレや緊張の高まりによって資金の逃避先（セーフヘイブン）として買われ、価格が押し上げられることになった。1980年代に入ると、金はインフレ沈静化や石油輸出国機構（OPEC）の原油基準価格の引き下げ、米国の金利やドルの上昇などを受けて修正局面を迎えた。ただ、1985年9月のプラザ合意でドル高が是正されると、金はもち合いに転じる。1987年10月のブラック・マンデー、1990年8月のイラクのクウェート侵攻、1991年1月の湾岸戦争、同年8月のソ連クーデターなどがあったが、米ドルのもみ合いなどで金の上値は限られた。1990年代後半は、欧州の金準備売却懸念が圧迫要因となった。1999年8月には英国の金準備売却の発表の影響もあり、20年ぶりの安値252.5ドルを付けた。しかし、1999年9月のワシントン合意で金の準備資産としての地位が確認され、2001年9月の米同時多発テロで、金は見直されることになった。また、新興国の経済成長、原油価格上昇などを背景に年金基金が金投資を始めると、2008年のリーマンショック、欧州の債務不安なども支援要因となり、上値を試し、2011年9月に史上最高値を更新し、1,920.25ドルを付けた。金ETF（上場投資信託）という新たな金融商品が誕生したことも金投資を促す要因になった。

だが、2011年9月以降から、流れが一変した。欧州債務問題により、信用収縮が発生したことから、欧州系銀行は保有する金を換金売りに動いた。また、米国株式市場では、欧州債務問題に加え、同国の景気の先行きの不透明感や政府債務上限問題、さらには新興国の景気減速から、株価は急落した。これを受けて、ポールソン＆カンパニーなどの象徴的なヘッジファンドが株の損失を埋め合わせるために、相次いで金売却に走った結果、2011年12月には、1,522.90ドルまで下落した。2012年は戻り場面が2回あったが、ともに1,800ドル台を回復できずに終わっている。2013年に入ると米国の量的緩和政策に終わりがみえ始めた上、史上最高値を更新し続ける米国株に向かって、金市場からも資金が流入し、売り圧力が高まった。当時のバーナンキ米連邦準備制度理事会（FRB）議長が、量的緩和政策の第3弾（QE3）の終了を示唆した、いわゆるバーナンキショックの翌月の6月には1,182.71ドルまで引き下げた。その後、再び戻り場面もあったが、1,400ドル手前で上値は抑えられた。2014年1月から量的緩和政策により行っていた毎月の資産購入を徐々に規模を縮小させ、最終的には毎月の資産購入をゼロにする、いわゆるテーパリングが始まり、10月に米国の量的緩和政策が終了すると、翌11月には1,132.28ドルまで価格を引き下げた。

（1）　金ETF（上場投資信託）

　金ETF（上場投資信託）は現物を裏付けとし、株式市場で売買できることから機関投資家やヘッジファンドの人気を集めている。これは新たな金融商品としての金投資信託（ETF）というものであるが、ワールド・ゴールド・カウンシル（WGC）の後援で開発された投資信託であり、欧米では投資家が金ETFを購入するごとに一定の割合で金現物が保有されるという仕組が一般的である。

　2003年3月にオーストラリア証券取引所、同年12月にロンドン証券取引所にも金ETFが上場され、市場関係者の関心を集めた。2004年になると、ヨハネスブルクやニューヨークの証券取引所に上場され、ニューヨークの金ETFは上場後、約2週間で金現物100トン分の買いが入った。また、2005年11月にはユーロネクスト、2006年10月にはシンガポール取引所にも上場さ

れ、2007年に入るとイタリア、ドイツ、ベルギー、オランダでも取引が開始された。日本では2007年8月に大阪証券取引所で金リンク債に投資する金価格連動型上場投資信託が上場されたのが最初であり、純金上場信託（現物国内保管型）、国内金先物価格連動型上場投信、ETFS金上場投信なども上場されている。最大手はニューヨーク証券取引所のSPDR® Gold Sharesであり、2012年11月末時点で約1,350トンの現物を保有していたが、その後の金価格下落を受けて、2015年1月には約704トンまで減少し、2015年4月現在では、約740トンとなっている。同銘柄は東京証券取引所（東証）でも重複上場している。トムソン・ロイターGFMSの「ゴールド・サーベイ2015」によると、世界の金ETFの現物保有高合計は2012年8月には2,500トンを超えていたが、価格下落を受けて、2014年末には1,651.6トンまで減少している。また、エクスチェンジ・トレーディッド・ゴールド（ETG）によると主要上場市場での金現物保有高は2012年12月に1,700トンを超え、過去最高となったが、こちらもその後の価格下落を受けて、2015年5月には1,045トンまで減少している。

図表1　金投資信託（ETF）現物保有高

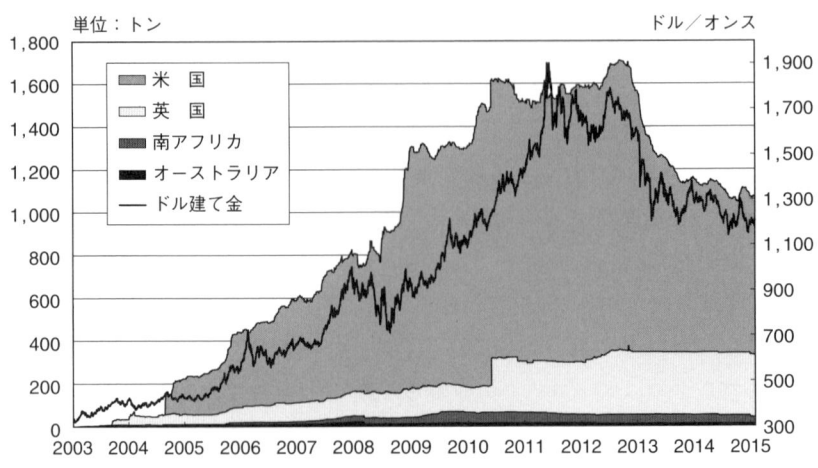

資料：Exchange Traded Gold Limited（ETG）

（2） 主な価格変動要因

　金の価格に影響を及ぼす変動要因としては、景気・インフレ動向、通貨・金利の動向、株式・債券の動向、国際情勢（政治・経済）、鉱山会社の供給事情やヘッジ戦略、ファンド・マネーや年金基金の動向、アジアや中東地域での消費・投資動向など、多岐にわたる。

　過去には、1970年代のオイルショックに伴うハイパーインフレや中東情勢、あるいは旧ソ連絡みの緊張（1979年12月のアフガニスタン侵攻など）などから金投資が活発化したことがあり、1987年のブラック・マンデー（ニューヨーク株式市場の暴落を発端とした世界同時株安）の時も金は急騰したが、1990年代に入ると湾岸戦争にも旧ソ連のクーデター発生にも過去ほどの反応を示さなかった。冷戦構造の崩壊に伴い、「有事の金買い」の一面が薄れたことは確かである。ただ、2001年9月11日の米同時多発テロをきっかけとする米国の対テロ戦争や日本のペイオフ解禁（銀行預金の保証金額を元本1,000万円とその利息までとする制度）により、金投資が復活した。また、2004年6月末の米連邦公開市場委員会（FOMC）で利上げが決定されると、原油高騰やアジア諸国の経済成長によってインフレ懸念が台頭し、金はインフレ・ヘッジとしての魅力も高まった。さらに、2008年の金融危機では個人投資家の金投資に対する関心が高まり、世界的に金貨の在庫が底をつく場面もみられた。2009年以降はギリシャの財政問題をきっかけに欧州の債務危機に対する懸念が広がり、金は資金の逃避先（セーフヘイブン）として買われ、2011年9月に史上最高値1,920.25ドルを付けた。2012年には債務危機がスペインやイタリアに波及し、ユーロが崩壊するとの見方も出て金の支援要因になっている。だが、その後は、株価の上昇、米国の量的緩和政策の終了などから、金からの投資資金の流出が続いている。

① 景気動向

　一国の景気動向は、その国における生産・消費活動、および投資活動（設備投資、住宅投資、在庫投資）などの拡大・縮小によって判断される。当然、各国政策当局の目指すところは、インフレーションを誘発しない範囲内で生産・消費・投資などの経済活動の持続的な拡大を可能にし、雇用と所得

の増大を実現し、福祉の充実を図ることにある。

　こうした各国、あるいは世界の景気動向と金価格との関係は、大別すると次の3つにまとめることができる。

1) 景気の拡大は金の工業用需要を増大させ、金価格の好材料（上げ材料）となる。つまり、景気の拡大によって、エレクトロニクス産業やその他の工業用需要先の生産活動が活発化したり、さらには設備投資が進むことで、工業用需要部門での金の消費が増大する。逆に、景気が縮小・後退すると、こうした部門の生産活動が落ち込み、金需要が減退し、金価格の悪材料（下げ材料）となる。

2) 景気の拡大によって個人の可処分所得が増加すれば、金の宝飾品や投資用需要を押し上げ、金価格の好材料となる。また、景気拡大を背景にした株価などの資産価値の増大も、購買力の増加によって金の宝飾品や投資用需要を押し上げる。逆に景気の後退によって可処分所得や資産価値が減少すれば、金の宝飾品購入や投資用需要が減退し、金価格の悪材料となる。

3) 景気の拡大や過熱によってインフレが高進したり、インフレ懸念が高まると、インフレ・ヘッジとしての金投資意欲が促され、金価格の好材料となる。逆に、景気の縮小や後退によってデフレ（物価の持続的な下落）が発生したり、ディスインフレ（物価上昇率が高い状態から低い状態に移行していく過程）によってインフレ懸念が薄れると金投資意欲が後退し、金価格の悪材料となる。

　ただし、近年では、金融商品や投資対象、およびインフレ・ヘッジ手段の高度化や多様化により、上記2)、3)の効果が著しく低下する場面もみられる。

　② **為替要因**

　ドル建ての金価格にとって、ドル相場の上昇、あるいはドル高見通しは極度の悪材料となる。それは、主に次のような3点からといえる。

1) ドル高によってドル建て資産（米国の国債、株式、不動産など）の価値が増大するため、これらを購入しようという動きが助長され、投資資金が金から流出する。欧州など金消費国ではドル高によってユーロ建て金価格が上昇するため、金を売却してドル資産を買う要因となる。

2）米国以外の産金諸国において、産金国通貨建ての金価格が上昇し、売却価格がより高くなるため、長期的には金の生産量および輸出量が増大する。また、短期的にも金売却による利ザヤが拡大するため、産金国からのフォワード・セールなどが増え、金価格を圧迫する。たとえば、金1トロイオンスの金価格が1,700米ドル、為替レートが1豪ドル＝0.9米ドルの場合、豪ドル建て金価格は1,889豪ドルとなる。しかし、為替レートが米ドル高／豪ドル安となり1豪ドル＝0.8米ドルになると、豪ドル建て金価格は2,125豪ドルとなる。米ドル建て金価格は同じだが、ドル高による豪ドル建て金価格の上昇で、オーストラリアの鉱山会社はより高い価格で金を売却できる。また、豪ドルが今後、上昇する可能性が高い場合、0.8米ドルの時にフォワード・セールを出しておけば、0.9米ドルに上昇した場合、236豪ドルの利ザヤがとれる。

3）ドルが上昇すると、米国の輸入コストが低下する結果、米国内の輸入物価が低下し、物価の上昇圧力（インフレ圧力）を抑える効果がある。これによって米国内のインフレが沈静化したり抑制されるとともに、インフレ懸念を後退させるため、インフレ・ヘッジとしての金投資の魅力が減退する。

③　金利動向

金利動向は基本的にその国の経済情勢と密接に関係している。金利動向を考える場合にはインフレ（物価上昇）があることから、実質金利と名目金利（市場金利）を区別して考える必要がある。実質金利とは名目金利からインフレ率を引いたものである。一般的に実質金利の低下は金相場の支持要因（好材料）、上昇は金相場の圧迫要因（悪材料）となる。

$$実質金利　＝　名目金利　－　インフレ率$$

実質金利の低下は、名目金利が低下もしくはインフレ率が上昇するときに起きる。たとえば、景気後退によって金融緩和が実施されて名目金利が低下すると、預貯金などよりも金の魅力が高まる。また、景気過熱や労働市場のひっ迫、原油相場の上昇などによって物価上昇率の上昇が予想される（インフレ懸念が強まる）と、金の値上がりが見込まれて投資資金が金に向かうこ

とになる。

　名目金利は債券相場の利回りを目安にするため、インフレ率が一定の場合、債券相場の上昇（利回り低下）は金相場の好材料、債券相場の下落（利回り上昇）は金相場の悪材料といえる。ただ、債券相場と金相場の関係をみる場合は、資金の流れを考える必要がある。投資家にとって金よりも債券が魅力的な投資先とみられる場合、金が売られて債券が買われるという可能性もあり、債券相場と金相場が逆の動きをするときもある。

④　株式市場

　株式市場は景気動向の重要な先行指標と見なされている。したがって、株価の上昇は先行きの景気拡大を暗示すると受け止められ、個人の可処分所得の増大や工業用需要の拡大、さらにはインフレ上昇懸念をも高めるため、金相場の上昇要因（好材料）と考えることができる。

　しかし、近年では株式市場のみならず、金融・通貨市場や、現物や先物の商品市場がマネーゲームの場としての性格を強め、必ずしもこうした仮説どおりにはならないことがある。つまり、投機資金がより有利な投資対象を求めてめまぐるしく動き、株価が上昇すると思えば、株式市場に資金が流入し、金が有利と思えば、これらの資金が金市場に流れ込んでいくといった事態がしばしば起こるようになった。そのため、株価の上昇は投機資金の株式市場への流入を意味するため、金にとって圧迫要因（悪材料）、逆に株価の下落は投機資金の株式市場からの流出を意味するため、金の支持要因（好材料）になるケースが増えている。また、株式市場への警戒心理が強まった場合、リスク・ヘッジとして金が買われ、あるいは金のポートフォリオ比率が高められるといったような事態が起こることもある。

　たとえば、1987年10月の世界同時株価暴落、つまりブラック・マンデーの時、金相場は当初、株価と同様に下落した。これは、株価の暴落がリセッション（景気後退）懸念を引き起こしたこと、さらには株価暴落による損失を、金を売却することによって補てんしようとする動きが出たことなどによるものである。しかしその後は、米国の財政・貿易赤字を背景にしたドル安から商品ファンド資金の流入により、1987年の年初は1トロイオンス当たり400ドル台前半で推移していたものが、年末には500ドル台まで上昇した。こ

れは、金をポートフォリオに組み込む動きが広がった代表的な例となった。

2008年9月のリーマンショック時に同様の値動きがみられた。また、金ETF（上場投資信託）が登場したことで、米証券取引委員会（SEC）への報告義務により、ヘッジファンドの金投資の動向が把握できるようになった。金投資で有名なヘッジファンド、ポールソン＆カンパニーはSPDR® Gold Sharesの保有高を2011年下半期に3,150万株（97.97トン相当）から1,731万株（53.84トン相当）に減らしたが、2012年第2四半期に2,184万株（67.92トン相当）に増加させた。その後、欧州の債務危機による金融株急落の損失補てんで金ETFを売却した。また、米国の量的緩和政策（QE3）が終了した上、インフレリスクも高まっていないことから、金を買う意欲は後退している。

⑤ **公的機関の売却・購入**

各国中央銀行や国際機関による金売却・放出の動きは供給のところで述べるが、金価格の変動要因として市場に与えるインパクトは大きく、最大の変動要因といっても過言ではない。1997年には通貨統合を控えた欧州の中央銀行だけでなく、オーストラリアの金準備売却や、スイスの金準備売却案などが表面化し、金価格が12年ぶりの300ドル／トロイオンス以下に下落するきっかけとなり、1999年には英国の金準備売却の発表を背景に20年ぶりの安値を付けるに至った。また欧州の中央銀行15行はワシントン協定により1999年から5年間で約2,000トン（年間400トン）を売却した。2004年以降の5年間は最大2,500トン（年間500トン）を売却する予定だったが、1,883トンにとどまった。当初は上値を抑える要因としてみられたが、2000年以降、金が上昇する中、売却上限が定められており、市場では織り込み済みとみられるようになった。一方、中国など一部諸国は金準備を増加させ始め、2009年第2四半期に公的機関は金の買い方に転じた。トムソン・ロイターGFMSによると、公的機関全体では2010年にロシア、タイ、バングラデシュ、ベラルスの購入で77トンの買い越しとなり、20年ぶりに買い方に転じた。なお、中国は2012年6月、3兆3,000億ドルの外貨準備の投資多様化を模索すると発表し、金市場では中国の金買いに対する期待感が強まった。

また、証券会社や投資銀行の技術開発により、金よりも魅力的な金融商品

〈金〉 13

が多く現れたため、金準備をドルなど他の利付き資産に組み換える動きもみられる。しかし、1997年以降のアジア通貨危機（タイ・バーツ急落をきっかけとする東アジア経済の混乱）でみられたように金が為替や証券資産に対するヘッジとなることは疑いようがない。また、リーマンショック以降の金融危機でドルへの信認が問われるようになり、世界が新たな通貨体制構築を模索する過程での政治的な要素も含み、金が重要な資産であることには変わりがない。

⑥　アジア、中東地域の需要動向

世界各国の中でもアジアおよび中東地域での需要動向が、世界の金価格に及ぼす影響は大きいものがある。これは1980年代以降、欧米での投資需要が伸び悩んだ反面、経済成長を背景としたアジア地域での金購入や、オイル・マネーによる中東産油国での金投資が、世界の金投資需要を支えたことが一因となっている。

1)　アジア

東アジア・インド地域は世界最大の金消費地で、トムソン・ロイターGFMSによると、2014年の宝飾需要（スクラップを含む）は1,701トンと世界合計2,213トンの76％を占めた。特にインドの662.1トン、中国の633.3トンが際立っている。

アジア人の金嗜好の強さは世界的に有名だが、インド・中国といった膨大な人口を抱える国は、1990年代に入ってから金需要が大きく伸びた。ともに目覚ましい経済成長を遂げている国で、同時に金取引の自由化が進んでいる。中国については2002年10月に上海黄金交易所（SGE）での取引が開始され、また2005年7月には中国人民銀行が人民元の切り上げを実施し、管理フロート制（変動相場制の一種）に移行した。2008年1月には上海期貨交易所（SHFE）に金先物が上場し、自由化の動きが進んだ。2013年には、上海証券取引所（SHCOMP）に金ETFも上場された。中国での金の人気は高く、価格下落の影響から、多くの取引所で2014年の出来高が前年比で減少する中、上海期貨交易所は、出来高が前年比で19％増となっている。

東アジア・インド地域の金需要が伸びている大きな要因は、まさに経済成長とそれに伴う可処分所得の増加にある。金は豊かさの象徴といっても過言

ではなく、その国の景気の浮沈が金需要を左右する。

2) 中東地域

　地理学上はアジア大陸に含まれるが、金の需給統計では個別に扱われている。東アジア・インド地域と同様、金嗜好が強く金市場では「中東筋」の名でその売買動向が注目される。また、中東の金需要は経済基盤でもある石油収益の増減によって左右される。しかし、2000年代後半以降は、金価格の上昇によって需要は減少している。

　世界一の産油国であるサウジアラビアは、かつて中東一の金消費国であった。サウジアラビアの加工用需要は1997年に過去最高の204.3トンを記録した。2000年以降は原油価格上昇によって需要が回復する場面もみられたが、金価格高騰によって需要は減少した。また、金ジュエリーが軽量化したことも重なり、2014年の需要はトルコに次ぐ37.3トンとなった。さらに、産油国には該当しないが、エジプトでは1997年以降、毎年100トン以上の需要があったにもかかわらず、2001年に100トンを下回ると減少が続き、2011年は29.2トンとなった。しかし、その後はやや盛り返し、2014年は41.7トンとなった。一方、トルコでは1995年夏にイスタンブール金取引所が開設されたため、金の流通量が大幅に増え、1997年の需要は189.9トンに増加した。その後に減少する年もあったが、2003年以降は宝飾需要増加などを受けて急増し、2005年は303.4トンとなった。ただし、その後は金価格上昇などを受けて減少し、2014年は96.0トンとなった。

　また、2005年11月にはドバイ金・商品取引所（DGCX）で中東初の金先物取引が開始された。DGCXでは、2011年以降は金の投資意欲の高まりとともに取組高が1,000枚前後から10月に9,213枚まで増加した。しかし、その後は価格の落ち着きとともに投資資金が流出し、取組高は2015年6月30日現在、1,390枚と2011年初めの水準にほぼ戻っている。

　このように中東地域やその周辺地域の金需要は1990年代半ばに金取引の規制緩和や国民の可処分所得の増加を受けて拡大し、その後の景気後退で購買力が低下したことや金価格上昇によって減少したものの、2000年代前半は原油価格の上昇によって購買力が回復し、需要は増加した。それ以降は、金価格高騰によって需要は減少傾向にある。

⑦ CFTC建玉明細報告

　米商品先物取引委員会（CFTC）は、建玉明細報告（毎週金曜日発表、金曜日が祝日の場合は翌月曜日）で、各商品の毎週火曜日時点の各トレーダーの取組高を集計し、発表している。売り玉・買い玉ともに大口投機家、商業者、未報告（小口で報告義務のない者）に分類され、特に大口投機家はファンド筋の取組高の動向を示すものとして注目されている。また年金基金やヘッジファンドの投資動向も注目されたことから、2009年9月からは新分類の業者別の取組高も発表されるようになった。

　CFTCは、2010年に成立した金融規制改革法（ドッド・フランク法）にて、商品スワップの店頭取引と取引所で取引される先物取引を規制する権限を付与され、2011年10月に商品の取引規制案を承認した。しかし、2012年10月12日に発効する予定だったが、米証券業金融市場協会（SIFMA）と国際スワップデリバティブ協会（ISDA）が2011年12月にワシントン連邦地裁に提訴し、同地裁は2012年9月、新たな規制導入のための当局のプロセスに問題があるとの判断を下した。

　2013年11月にCFTCは、石油や金、砂糖といった商品を大量に取引する業者にあらためて制限を課すことを提案した。これはポジション制限を設定する修正案であり、特定の商品市場において1社が獲得可能なシェアの上限

図表2　大口投機家の取組＝CFTC・NY金

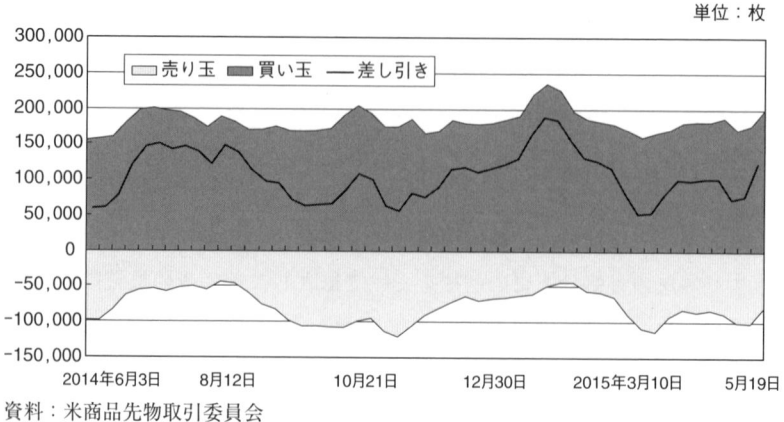

資料：米商品先物取引委員会

を定めることで、価格が急騰することを防ぐのが目的である。

4．金の需給

（1）供　給

金の主な供給ソースには、鉱山での生産（新産金）、二次供給、公的機関の売却、鉱山会社のヘッジ売り、退蔵放出などがある。

トムソン・ロイターGFMSによると、世界全体の年間供給量は、1971～73年の約1,390トンから、1985年に2,000トン台に乗せた後も増加傾向が続き、1988年には2,830トンと倍増した。1990年代に入ってからは、3,000トン台に増加し、1997年から2000年まで4,000トン台を記録した。1990年代後半の金価格下落による業界再編を受けて2001年以降は4,000トン台を割り込む年もみられたが、2000年代後半は二次供給の増加などを背景に増加し、2014年は4,361トンとなった。

1990年代には、各国の中央銀行などの公的機関による売却をはじめ鉱山生

図表3　世界の金需給

単位：トン

	2005	2006	2007	2008	2009	2010	2011	2012	2013	2014
供　給										
鉱山生産高	2,561	2,496	2,499	2,429	2,612	2,742	2,846	2,875	3,061	3,133
公的部門の売却	663	365	484	235	34	─	─	─	─	─
二次供給	903	1,133	1,006	1,352	1,728	1,713	1,675	1,677	1,287	1,125
ヘッジ	─	─	─	─	─	─	18	─	─	103
供給合計	4,127	3,994	3,989	4,016	4,374	4,455	4,539	4,552	4,348	4,361
需　要										
宝飾品	2,722	2,302	2,426	2,308	1,819	2,033	2,034	2,008	2,439	2,213
その他	604	672	687	728	705	763	794	730	799	651
加工用合計	3,326	2,974	3,113	3,036	2,524	2,796	2,828	2,738	3,238	2,864
公的部門の購入	─	─	─	─	─	77	457	544	409	466
金塊退蔵	261	236	236	659	548	934	1,230	1,039	1,394	829
ヘッジ外し	92	434	432	357	234	106	─	40	39	─
欧米の退蔵購入※	478	368	210	9	1,131	608	62	─	─	─
需要合計	4,157	4,012	3,991	4,061	4,437	4,521	4,577	4,361	5,080	4,159
平均価格（ドル/オンス）	444.45	603.77	695.39	871.96	972.35	1,224.52	1,571.52	1,668.98	1,411.23	1,266.40

※欧米の退蔵購入：2012年以降データはない。
資料：トムソン・ロイターGFMS「ゴールド・サーベイ2015」に基づき筆者作成。

産以外の供給部門の合計が伸びてきている。このため、総供給に占める鉱山生産のシェアは、1980年代初めまではおおむね全体の7割以上を占めていた。1990年以降は、1997年に全体の59％にまで落ち込むなど、6割前後に低下していたが、2014年は71.8％となった。2000年代は二次供給が大きく増加したが、2010年代は減少し、2014年の総供給に占める二次供給のシェアは25.8％となった。

① **鉱山生産**

鉱山から新たに生産された金は、新産金ともいわれる。近年は最大級の生産国である南アフリカ共和国（南ア）の生産量が減少傾向にある。かつては南アが世界最大の産金国だったが、現在は中国やオーストラリア、ロシア、米国、ペルーに抜かれ、2014年は6位となった。また、1980年代に目覚ましい成長を遂げた米国やカナダ、オーストラリアの金生産は、1997年の846.7トン（3カ国合計）をピークに減少へと転じた。一方、1990年代は金価格下落を受けて低コスト鉱山の開発が進み、インドネシアやペルーなどで生産量

図表4　主要な世界の金鉱山

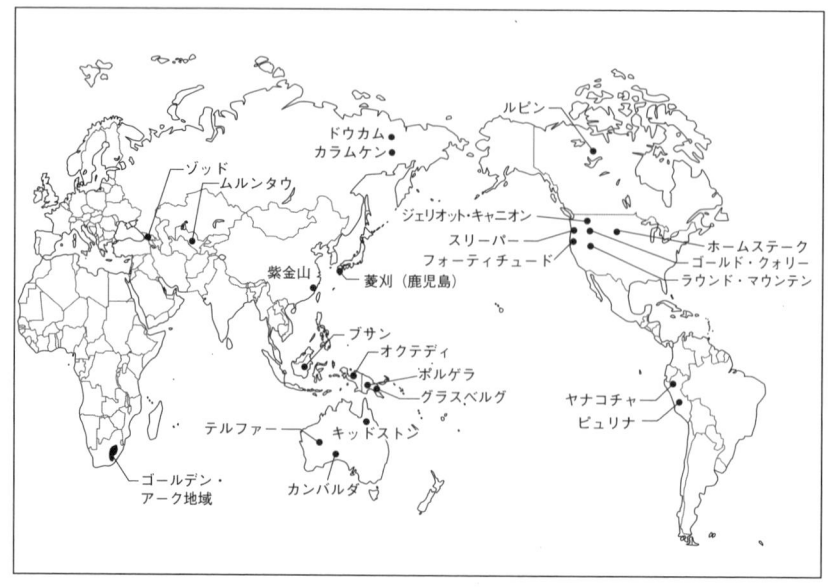

が急増した。2000年代は金価格が上昇する中、各地で鉱山開発が進み、中国など新興国の生産が増加している。2010年代に入ると、金価格の下落を受けて、南アフリカの生産は減少している。一方、中国は国内需要の高まりを背景に、増加傾向にある。

1）ビッグ4

　世界の鉱山生産のうち、南ア、米国、オーストラリア、カナダの生産が2000年代前半は約4割を占め、これら4カ国をビッグ4と呼ぶ。世界の鉱山会社トップ10社（図表8参照）はほとんどがビッグ4にある。ただビッグ4の生産は減少傾向にあり、世界に対するシェアは1999年に50％を下回ると2014年に25.4％まで低下した。大手鉱山会社は海外への投資を進め、新興国での生産を拡大している。

　南アで金鉱山のあるヴィトヴァーテルスランド（Witwatersland、ゴールデン・アーク地域）は、縦300キロメートル、横150キロメートルの地域で、多数の鉱山がこの1つの鉱帯を掘り進んでおり、今までに4万トン以上の金が産出され、世界一の産出量を誇っている。

　南アは今なお世界有数の産金国だが、その生産高は1970年の1,000トンをピークに減少し、1996年には494.6トンと、1956年以来初めて500トンを下回り、その後も減少傾向が続き、2014年は163.8トンとなった。このため、世界全体の鉱山生産に占める南アのシェアは、1970年には67％であったものが2014年には5.2％まで大幅に低下した。これは、南アの金鉱山の深度は3,000メートルを超えるものがほとんどで、設備投資の増大などによって生産コストが増大してきたことに起因している。トムソン・ロイターGFMSによると、1998～99年の南アの金生産コストは減価償却費を含まないキャッシュ・コストとともに他の地域を上回り、世界の平均コストを大幅に上回った。同国の産金コストは2002年に急減したが、これは南アの通貨であるランドの急落が主因であり、高コスト体質に変わりはない。2014年の南アの金生産コスト（減価償却費を含む）は1トロイオンス当たり1,107ドルと推計され、世界の平均983ドルを大幅に上回っている。

　2009年時点の世界の金埋蔵量をみると、南アは推定埋蔵量に対して採算が取れる埋蔵量は19.4％と他の地域に比べて最も低い（全世界は47％）。た

図表5　世界の金国別生産高

単位：トン

	2005	2006	2007	2008	2009	2010	2011	2012	2013	2014
〈アフリカ〉	549.5	539.9	513.6	486.2	509.9	529.8	584.1	579.7	579.4	587.9
南アフリカ	315.1	295.7	269.9	233.8	219.8	202.9	202.0	177.3	177.0	163.8
ガーナ	62.8	69.9	77.3	80.4	90.3	92.4	91.0	95.7	107.4	108.2
その他	171.4	174.3	166.5	172.0	200.0	234.4	291.2	306.6	295.0	316.0
〈北　米〉	412.5	394.3	383.9	379.4	379.9	412.5	429.7	443.1	482.6	477.0
米　国	262.3	251.8	238.0	233.6	221.4	229.7	233.3	232.2	229.5	205.0
カナダ	119.5	103.5	102.2	95.0	96.0	103.5	107.8	108.0	133.3	153.8
メキシコ	30.6	39.0	43.7	50.8	62.4	79.4	88.6	102.8	119.8	118.2
〈欧州〉	195.5	197.6	193.4	213.6	235.9	237.5	258.3	282.3	307.5	318.7
ロシア	175.4	172.8	169.3	188.7	205.2	203.4	215.6	229.7	248.8	262.2
その他	20.1	24.7	24.0	24.9	30.8	34.1	42.6	52.7	58.7	56.5
〈南米〉	439.6	468.1	446.9	454.2	483.0	496.6	515.2	508.4	546.6	549.8
ペルー	217.8	213.5	183.6	195.5	201.4	184.8	189.6	184.4	187.7	172.6
ブラジル	44.5	49.2	58.1	58.7	64.7	67.5	67.3	67.3	80.1	80.7
その他	177.4	205.3	205.0	199.9	216.7	244.2	258.3	256.7	278.7	296.5
〈アジア〉	615.3	573.2	638.9	593.7	693.5	719.5	721.4	739.2	801.3	855.8
中　国	229.8	247.2	280.5	292.0	324.0	350.9	371.0	413.1	438.2	461.8
インドネシア	167.0	114.1	149.5	95.9	160.5	140.1	121.1	93.0	109.6	116.4
その他	218.5	211.8	208.8	205.8	209.0	228.4	229.4	233.1	253.4	277.8
〈オセアニア〉	349.1	323.4	321.8	301.8	309.7	346.4	337.1	322.8	344.3	343.8
オーストラリア	262.2	246.8	247.4	215.2	223.5	260.8	258.6	251.7	268.1	272.8
パプアニューギニア	70.9	61.7	61.7	70.3	70.6	69.7	63.5	57.2	60.5	58.2
その他	16.1	14.9	12.6	16.3	15.5	15.9	15.0	13.9	15.8	12.7
世界合計	2,561.5	2,496.4	2,498.5	2,428.9	2,611.8	2,742.4	2,845.9	2,875.4	3,061.5	3,133.1

資料：トムソン・ロイターGFMS「ゴールド・サーベイ2015」に基づき筆者作成。

だ、1980年代からのコスト増加や金価格下落を受けて、南アの金業界は1990年代に入ってから業界再編が進んでいる。鉱山会社の合併吸収は1997～98年にピークを迎え、その後は海外へも進出した。推定埋蔵量は2014年時点で6,000トンとオーストラリアの9,800トンに次いで世界2位であり、各社の経営が改善されれば生産は増加に転じる可能性もある。一方、南アの金採鉱が地下深くに及んだ結果、落盤事故の発生が目立っているほか、熟練労働者の不足や安全対策による規制、電力不足など数多くの問題を抱えている。

　南アの主な鉱山会社として、アングロゴールド・アシャンティ（AngloGold Ashanti、2014年3位）、ゴールド・フィールズ（Gold Fields、2014年8位）などがある。

　米国、カナダ、オーストラリアの3カ国の金鉱山業界は1980年代に目覚ましい成長を遂げた。1990年代末から金価格の下落による鉱山閉鎖などを受け

図表6　産金コスト　　　　　　　　　　　単位：ドル

産金国	2013		2014	
北　米	906	（686）	968	（711）
南　米	930	（668）	925	（668）
オーストラリア	1,163	（885）	1,086	（809）
南　ア	1,154	（970）	1,107	（931）
その他	978	（775）	954	（743）
世界平均	995	（770）	983	（749）
	1,741		1,314	

注1：生産コストは減価償却費を含む。各国の加重平均。
注2：カッコ内は減価償却費を除いたキャッシュ・コスト。
注3：世界下段は金利や追加費用などを含む総コスト。
資料：トムソン・ロイターGFMS「ゴールド・サーベイ2015」

図表7　生産コスト内訳（2014年）　　　　単位：ドル

採　掘	331
鉱石圧砕	258
管理費	123
鉱山キャッシュ・コスト	712
精　錬	15
副産物	-20
鉱区使用料	41
キャッシュ・コスト合計	749
減価償却費・在庫変動	234
生産コスト	983
会社管理費・金利	107
追加コスト	106
資本維持費	118
総コスト	1,314

資料：トムソン・ロイターGFMS「ゴールド・サーベイ2015」

図表8　2014年世界金鉱山トップ10社

順位			生産量（トン）	
2014	2013		2014	2013
1	1	バリック・ゴールド	194.4	222.9
2	2	ニューモント・マイニング	150.7	157.5
3	3	アングロゴールド・アシャンティ	138.0	127.7
4	4	ゴールドコープ	89.3	82.9
5	5	キンロス・ゴールド	82.2	77.7
6	7	ナヴォイMMC	73.0	70.5
7	6	ニュークレスト・マイニング	72.4	73.5
8	8	ゴールド・フィールズ	63.6	58.1
9	9	ポラス・ゴールド	52.8	51.3
10	10	シバンエ・ゴールド	49.4	44.5

資料：トムソン・ロイターGFMS「ゴールド・サーベイ2015」

て減少に転じたが、2000年代の金生産は比較的安定し、2009年に米国とオーストラリアが南アの生産量を上回った。南アを追い抜いたのは、同国の生産減少が主因だが、3カ国の生産安定の要因としては、①資金力の豊富さ、②南アの鉱山ほど深度が深くないこと、③鉱石品位が良いこと、などが挙げられる。

　北米の金鉱山は米国ではネバダ州に、カナダではオンタリオ州からケベック州にかけての地域に集中している。また、オーストラリアではウエスタン・オーストラリア州西部に金鉱山の大半がある。2009年時点で推定埋蔵量に対して採算が取れる埋蔵量はカナダが47.6％と低いが、米国とオーストラリアはそれぞれ54.5％、83.3％と世界で最も高い水準である。

　北米・オーストラリアの主な鉱山会社は、カナダのバリック・ゴールド（Barrick Gold、2014年1位）、ゴールドコープ（Goldcorp、2014年4位）、キンロス・ゴールド（Kinross Gold、2014年5位）、米国のニューモント・マイニング（Newmont Mining、2014年2位）、オーストラリアのニューク

レスト・マイニング（Newcrest Mining、2014年7位）などがある。

2）南米と東南アジア

1990年代に入ってから金生産が増加した国として、ペルー、アルゼンチンなどの南米諸国、インドネシアやパプアニューギニアなどの東南アジア諸国が挙げられる。これは先進国で環境規制や先住権などの問題が大きくなったのに対し、資源保有国が積極的に外資導入に転換したことや貴金属・非鉄金属価格の下落によって大手鉱山会社の寡占化が進み、大規模鉱山の操業が開始されたことが背景にある。新興産金国の多くは環太平洋火山帯に分布し、露天掘鉱山であり深度が浅いことからビッグ4に比べて低コストであることが際立っている。

南米の鉱山生産高は2014年で549.8トンと、世界の生産量の17.5％を占めるに至っている。ブラジルの生産高は1988年の102.2トンをピークに減少し、2004年に42.9トンとなったが、価格上昇とともに鉱山開発が進み、2014年は80.7トンとなった。ペルーは大手鉱山会社の進出で、2000年代前半の生産増加が著しく、2005年の生産高が217.8トンとなり、過去7年で2倍以上に増加した。ただ、その後は採掘深度が進んだことや、鉱石の品位が低下したことを受けて生産が伸び悩み、2014年は172.6トンとなった。メキシコでは1990年代半ばに新規鉱山の開発が進んで成長を開始した。また2000年代後半にも開発が進み、2014年は118.2トンとなった。

東南アジアではインドネシアの金生産が1990年代に急増し、ピークとなった2001年には182.9トンとなり、1990年の17.6トンに比べ約10倍に増加した。インドネシアには世界最大の鉱山であるグラスベルグ鉱山（フリーポートマクモラン社が権益の81％保有）がある。同鉱山の生産は90年代末に100トン近くまで増加したのち、2003年末の落盤事故などの影響で、2004年は前年比48.0トン減少することとなり、同国の生産が114.2トンに急減した。しかし、2005年は同鉱山の生産が前年比52.8トン急増したことに伴い、同国の生産も167.0トンに回復することとなった。その後は労働争議などによって生産が減少する年もあり、増減を繰り返している。同国の金生産は、2009年から2014年にかけては160.5トンから116.4トンに減少した。

〈金〉　23

3) 中国

　中国の金生産は「改革・開放政策」が始まった1979年以降、平均で年10%前後増加し、2005年は229.8トンとなった。また、2007年に南アを上回る（280.5トン）とその後も増加を続け、8年連続で世界1位となり、2014年は過去最高の461.8トンとなった。国家発展改革委員会によると、2000年の年初に1,200件の金鉱山プロジェクトがあり、対外投資増加も重なって金生産の増加が続いた。

　中国の金市場は中央銀行（中銀）である中国人民銀行の厳しい管理下にあったが、1990年代の中国経済の高度成長に合わせる格好で金生産も増加した。高度成長と自由化によって金生産は増加し、2002年に200トン、2009年に300トンを超えた。また、中国は2001年の世界貿易機関（WTO）加盟をきっかけに金市場の自由化を進めており、上海黄金交易所（SGE）を2001年末に開設し、2002年10月から金の現物取引を開始した。2004年9月にSGEで開催されたLBMA（ロンドン貴金属市場協会）カンファレンスでトムソン・ロイターGFMSは中国の金需要が今後200トンから600トンに増加すると予想し、1990年代のインドの段階的な金市場自由化で同国の需要が200トンから800トンに増加したのと同じことが中国でも起こると予想された。実際、中国の加工用需要は2002年の204.5トンから2014年に732.2トンに増加した。投資用需要は2014年に250.3トンとなり、合計982.5トンと予想以上の増加となった。

　また、外資導入も同時に進められ、香港株式市場に2003年末に上場された福建紫金鉱業（Zijin Mining）に南アフリカのゴールド・フィールズが出資した。同社は中国最大の金鉱山会社で2011年の生産高は29.5トンと世界15位になっている。2007年9月には上海期貨交易所（SHFE）での金先物の上場が承認され、2008年1月から取引が開始された。年間の出来高は当初3年間は700万枚（1枚1キログラム）前後となったが、2011年は1,444万枚に急増し、その後、2012年には591万枚まで急低下した。2013年以降は投資需要の高まりなどを反映し再び増加に転じ、2014年は2,385万枚まで増加している。

　米地質研究所（USGS）によると、2014年の推定埋蔵量は4,100トンで、そのうち、採算が取れる埋蔵量は1,200トンとなっている。また、2012年1

月に発表された報告書では採算が取れる埋蔵量が1,900トンに増加しており、これは経済成長が続き、各地で探査が進められているためだと考えられている。

4) ロシア

旧ソ連、およびロシアを含む独立国家共同体（CIS）の生産高は従来、公式な統計発表がなされていなかったため、正確な数値が把握できなかったが、1991年12月のソ連の崩壊、それに続くCISの発足によって、1992年以降は徐々に信頼できる数値がつかめるようになった。

トムソン・ロイターGFMSによると、旧ソ連およびCISの産金量は、1953年の117.0トンから1989年には285.0トンまで増加したが、その後は国内経済の混乱などで減少に転じ、1995年には229.8トンに落ち込んだ。

その中の最大の生産国であるロシアについては、1992年以降のデータしかないが、1993年の164.5トンから1998年には127.3トンにまで落ち込んだ後、商業銀行の融資枠増加などを受けて生産量は急激に回復し、2003年には182.4トンに増加した。その後は既存の鉱山からの生産が減少したが、2009年以降は新規鉱山の開発で生産が増加し、2014年は262.2トンとなった。

ロシア最大の鉱山会社ノリリスク・ニッケルは他の金鉱山会社の買収を進めた後、金鉱山会社の子会社ポラス・ゴールドを設立した。ポラス・ゴールドは2014年の世界の主要鉱山会社10社（生産量）中9位（図表8参照）にランクインしている。

ロシアをはじめCISの金生産は、川床などから採取される砂金、金鉱山から採掘されるもの、および非鉄金属鉱石の副産物として回収されるものから成り立っているが、砂金からの生産比率は漸減し、金鉱山の生産比率が増加している。採掘も露天掘りから地下採掘へ比重が移っているが、その深さはまだ浅い。米地質研究所（USGS）によると、2009年の推定埋蔵量は7,000トン（採算が取れる埋蔵量は5,000トン）と少ないが、広大なCISの地域にはまだかなりの埋蔵量があるものと推測される。2012年1月発表の報告書では、採算が取れる埋蔵量は5,000トンと横ばいとなっている。

② 二次供給

金の二次供給とは、宝飾品、貴金属工芸品、歯科材料、電子工業用機械、

〈金〉 25

その他の各種金属スクラップからの供給を指す。これらは1970年代までは総供給に占めるシェアが小さく、需給統計からも除外されていたが、1980年代以降は供給合計の10％を大きく上回って20％を超える年もあり、かつ価格の変動にも敏感であることから、無視できない分野となった。都市で大量に廃棄される家電製品に多く存在することから、都市鉱山ともいわれている。

　二次供給は金の国際価格が上昇すれば増加し、下落すれば減少する傾向がある。1980年以降を振り返ると、金価格が高騰した1980年、1986年にはそれぞれ493トン、513トンを記録したが、1980年代の平均では約360トンとなった。1990年代に入ると、回収技術の進展などもあり増加傾向が続き、1998年には1,105トンまで増加した。その後はやや減少したが、2000年以降は金価格上昇を受けて増加し、2006年に1,000トンを超えると、2009年に1,728トンまで増加した。なお、2013年は1,287トン、2014年は1,125トンとなっている。

③　公的機関の売却

　各国政府・中央銀行、国際通貨基金（IMF）、欧州通貨協力基金（EMCF）および国際決済銀行（BIS）などを総称して「公的機関」という。

　これらの機関は、いずれも金準備を保有しているが、緊急の資金が必要なとき、資産を組み替えたりする場合などに金を売却することがある。逆に金準備を増やす場合は購入に動く。時として数百トン規模の取引が行われ、公的機関の動きが金相場に与える影響は大きいといえる。公的機関の抱える金準備は、全体で世界の鉱山生産の11〜13年分に相当する。2014年10月の主な国別（公的機関を含む）の金準備高は図表9のとおりである。

　各国の政府、中央銀行、IMFなどは1965年までは需要家として金を購入したが、1966〜68年の3年間で、国際通貨不安に対するドル防衛のために2,064トンの金を売却した。1973〜79年に1,364トンの金が公的機関から放出されたが、これは長期化したベトナム戦争などによる「ドルのタレ流し」によるドル不信から、ドルの金への交換が増加したことが原因だった。

　IMFは1976年6月から4年間にわたり保有金1億5,000万トロイオンス（約4,670トン）の6分の1に相当する2,500万トロイオンス（約778トン）を入札方式で売却し、1980年5月に終了した。その後、1999年に入ると、重債

図表9　各国・機関の金・準備資産比率（2014年10月）

	金準備	準備資産比率
米　国	8,134	72.6%
ドイツ	3,384	67.8%
国際通貨基金（IMF）	2,814	―
イタリア	2,452	66.6%
フランス	2,435	65.6%
ロシア	1,208	12.1%
中　国	1,054	1.0%
スイス	1,040	7.4%
日　本	765	2.4%
オランダ	612	55.2%
インド	558	6.7%
トルコ	529	16.1%
欧州中央銀行（ECB）	503	―
台　湾	424	3.8%
ポルトガル	383	75.3%
ベネズエラ	368	69.3%
サウジアラビア	323	1.7%
英　国	310	11.2%
レバノン	287	21.9%
スペイン	282	21.7%
世界合計	32,034	―

注：金準備はトン、準備資産比率（総準備資産に占める金の割合）は
　　2014年12月末のロンドン値決め価格1,206ドルを基にWGCが計算。
資料：IMF、WGC

務貧困国（HIPC）の債務削減を目的とした資金調達のための金売却案が討議されたが、生産国などの反対に遭い、IMFの金準備評価額の改定による差益で資金が調達されることになった。2004年10月のIMF総会でもHIPC救済のため、再評価が議論されたが見送られ、2009年に入ってから403トンの売却が決定された。その後、2010年にも売却され、2012年9月には利益27億ドルについて、貧困国向け低利融資プログラムに大半を投じることを条件に、加盟188カ国に分配することを決定した。2013年以降、IMFの金準備高は変化がない。

　英国は1999年5月、715トンある金準備を300トンに削減することを発表し、1999～2004年にかけて353トンを売却した。しかし、この発表を受けて金相場が20年前の水準まで下落し、鉱山会社などの猛反発を受けたこともあり、9月に入ると欧州中央銀行（ECB）と欧州14カ国の中央銀行は共同声明（ワシントン協定）を発表し、5年間の金売却の上限を2,000トンに制限することとリース（貸出し）や先物・オプション取引を拡大しないことで合意したことを明らかにした。この合意には英国やスイスも含まれていることから、市場に与えた影響は非常に大きなものとなった。

　スイスは2000年5月から金準備売却を開始して2004年9月の期限切れまでに合計1,170トンを売却し、その後は新たな協定に基づいて2005年3月末までに129トンを売却した。2004年9月からの2次協定では、5年間の金売却の上限が2,500トンに引き上げられ、2009年9月からの3次協定では上限が2,000トンに引き下げられた。なお、2014年11月30日に行われた国民投票において、スイス国立銀行（SNB）に金準備の拡大を義務付ける提案を、投票者の77％の反対で否決されている。

　国によって金の位置付け・戦略は、まちまちとなっている。ワシントン協定では、準備資産の中で金が重要な資産であることが再確認された。ただ、金を「最後のよりどころ」、いわゆる「ラスト・リゾート（LastResort）」としてとらえている点はおおむね一致するが、利回りの良い金融資産へ転換するため、金準備の削減を進める国もあり、通貨の裏付けとしての金の評価は大きく変わってきている。1990年代に金準備を削減したところで目立ったのは、産金国であるカナダやオーストラリア、1999年初めに通貨統合を控えて

いたベルギー、オーストリアなどの欧州諸国である。また、その後はワシントン協定下での売却で英国やスイスの減少が目立った。

　一方、外貨準備の増加が著しい中国では準備資産の分散を求める声が出ている。同国の金準備は2000年が395トンだったが、2001年末に105トン増加して2002年は500トンとなった。2002年末にさらに100トン増加して2003年は600トンとなり、その後は2009年4月に1,054トンになったことが明らかにされた。その後は香港から中国への貿易統計で中国の金輸入が急増し、中央銀行が買い付けたとみられているが、2014年時点で正式な発表はない。また、インドは2009年11月、IMFから金200トンを購入し、金準備は558トンに増加した。その後、2014年末まで、金準備に変化はない。

　2014年の世界の公的機関の買い越し量の約90％がCISとイラクからのものであり、ロシア、イラク、カザフスタン、アゼルバイジャンなどの中央銀行の買い付けにより、2010年の77トン買い越しから466トンに急増している。

④　鉱山会社のヘッジ

　鉱山会社は将来の金価格下落に備えてヘッジ売りをする。これまでフォワード市場中心だったが、近年では金融技術の向上により、オプションを組み合わせ、複雑な取引となっている。また資金調達手段の1つとしてゴールド・ローンがあり、これらが「ヘッジ」に集約される。

1）　フォワードとオプション

　鉱山会社は、将来生産される金の販売価格を固定するためフォワード市場（先渡し市場）も活用する。統計上は、1年間に現物決済された供給量を鉱山会社のヘッジ（フォワード・セール）の項目として扱う。たとえば、ある生産国が2013年12月に10トンの金をフォワード市場で売り、イタリアの宝飾メーカーがそれを買い、2014年12月に現物決済したとすると、2013年の供給項目のフォワード・セールとして10トンが加算され、同時に2014年の宝飾用需要に10トンが計上される。

　近年は鉱山会社のヘッジ戦略が高度化し、フォワード・セールのほかにオプション、スワップといったデリバティブ（派生商品）取引も多く活用されるようになった。特に低金利時代には、現物と先物や、先物の期近と期先の値ザヤが小さくなる一方、オプションのプレミアムは比較的に安くなるた

め、ヘッジ戦略におけるオプション取引の比率が高くなる傾向がある。

オプション・ヘッジとは、1年間に権利行使されたネットのオプション数量（プット・オプション（売る権利）－コール・オプション（買う権利））を示す。プット・オプションの権利行使数量がコール・オプションの権利行使数量を下回った場合は、買いが多いことから、その数量が需要項目に入る。なおトムソン・ロイターGFMSは2003年から「グローバル・ゴールド・ヘッジブック・アナリシス」を発表し、フォワード・オプション市場での鉱山会社のヘッジを詳しく分析している。

1990年代後半は、中央銀行の金準備売却懸念が高まっていたことから、鉱山会社のヘッジ意欲は強く、1997年は504トン、1999年は506トンとなった。しかし、過剰なヘッジ・ポジションを取っていた鉱山会社の中には1999年9月の価格急騰により、経営難に陥ったところもあり、2000年以降はヘッジ解消が進み、需要項目に入った。「グローバル・ゴールド・ヘッジブック・アナリシス」によると、鉱山会社のヘッジ残高は2003年第3四半期の2,224トンから、2014年第4四半期は103トンに減少している。

2）　ゴールド・ローン

金鉱山会社にとっての資金調達手段の1つとして、ゴールド・ローンがある。各国中央銀行や金融機関が貸し手となり、鉱山会社や貴金属ディーラーが借り手となるもので、借り手は年率1％以下の低い金利で金を借り入れ、それを市場で売却することによって資金を調達する。基本的には自鉱山で産出される金を返済に充てるが、自鉱山の産出量が返済量に達しなかった場合や、金価格が急落し市場から買い上げた方が有利な場合は、市場から金を買い上げて、それを返済に回す。

このように、中央銀行と鉱山会社、貴金属ディーラーの間で金の貸し借りが行われる市場を「リース市場」と呼び、その金利を「リースレート」という。中央銀行にとっては、本来金利の付かない金を運用する場となり、鉱山会社にとっては、有利な金利での資金調達と同時に、金価格のリスク・ヘッジも満たされるため、必要不可欠な運用方法となっている。

鉱山会社のヘッジは、ゴールド・ローン、フォワード・ポジション、オプション・ポジションが、現物市場に与える影響の推移を示している。

⑤ 退蔵放出

　金の需給における退蔵とは、投資目的などで金を保有することで、広義の意味では公的機関の退蔵と民間の退蔵を指す。しかし、統計上は民間退蔵のみを指し、「民間退蔵需要＝投資需要＝需給格差」ととらえる。

　金の供給項目における退蔵放出は、民間退蔵からの金の放出を指し、金の投資需要がネットでマイナスだったことを意味する。

（2）需要（用途）

　金の需要は加工用需要と退蔵用需要に大別される。前者には宝飾品需要とその他の需要があり、その他には集積回路や半導体などの電子工業用、メッキ、歯科用材、公的金貨、メダルなどが含まれる。後者には投資用需要として金塊退蔵、欧米の退蔵購入がある。また、鉱山会社のヘッジの買い戻しがヘッジ売りを上回った場合や公的機関の購入が売却を上回った場合は、ヘッジや公的機関の購入として需要項目に計上されることとなる。

　世界の需要合計は、1980年代以降増加傾向にあり、1995年には、宝飾用需要の回復や、日本をはじめとした極東地域やインドおよび中東地域での投資用需要の盛り上がりを反映して3,657トンに増加し、1997年には北米での需要量増加を背景に4,000トン台を記録したが、その後は1998年の退蔵用購入の減少や2001年以降の景気後退に伴う加工用需要の減少により漸減し、2001年以降は4,000トンを割り込む年がみられた。ただ、2003年に新たな金融商品として金投資信託（ETF）が登場したことや鉱山会社のヘッジ外しなどを受け、2008年まで4,000トン前後で推移した。その後は金の投資需要が一段と増加したことから、需要全体が押し上げられ、2013年は5,080トンとなったが、2014年は欧州不安などから4,159トンとなっている。

　統計上の需要項目としては、供給項目と対になるものとして、公的機関の購入と、生産者ヘッジ解消がある。前述のとおり、1999年9月の価格高騰をきっかけに生産者ヘッジの解消が始まり、2000年代はおおむね需要項目に計上された。一方、新興国の経済成長で準備資産が増加すると、金が代替資産の1つとして意識され、2010年に公的機関は購入に転じた。2010年の77トンから、2014年は466トンに拡大している。

〈金〉　31

① 宝飾品

　用途別にみた最大需要分野は宝飾品部門で、加工用需要の8割以上を占める。宝飾用需要の動向は、金価格の動向と極めて密接になっている。通常は宝飾品を購入するための可処分所得金額が一定であることから、単価が上昇すれば必然的に需要は減少する。

　トムソン・ロイターGFMSによると、宝飾用需要は1997年に3,287トンまで増加し、その後も3,000トン台を維持していたが、2001年以降の金価格の上昇により2006年には2,302.2トンに減少した。また、2008年のリーマンショックによる金融危機を受けて2009年の世界の宝飾需要は一時的に急減し、1,819トン（前年2,308.1トン）となった。なお、2014年は2,213.1トンとなっている。

　トムソン・ロイターGFMSの統計上は、宝飾用需要の数値は一般消費者が金宝飾品をどの程度購入したかを表わす数値ではなく、各国における金宝飾業者が金宝飾品を製造するために購入した金の総量を示している。したがって、より正確に表現するならば「金宝飾品の中間加工業者需要」といえる。

　たとえば、イタリアは宝飾品部門では2005年、世界第2位の需要国で279.0トンの需要があった。しかし、イタリアの場合、製造した金宝飾品のうち60％近くを輸出に回すため、イタリアの最終的な金消費は第1位のインドに遠く及ばない。インドの2005年の消費実績は573.5トンである。1998年の682.6トンをピークに減少したが、2003年の496.7トンを底に再び増加し、2014年は662.1トンとなった。イタリアの需要は2014年に86.2トンに減少し、世界の宝飾需要減少が大きく影響した。一方、中国では2000年代後半に宝飾需要が急増し、2006年の244.8トンが2014年の633.3トンとなった。高度経済成長による購買力の拡大が主因である。

② エレクトロニクス、その他工業用

　金は、電導性、延性・展性、非腐食性、抗酸・アルカリ性など優れた物質的特性を有するため、エレクトロニクス産業全般に用いられている。特に半導体チップやプリント回路、集積回路、トランジスター、コネクターなどにはなくてはならない物質となっている。

工業用としては、このほか金メッキや金張り、万年筆のペン先、メガネフレーム、バッジ、メダル、時計、美術工芸品などにも利用されている。一般に、これらを合わせて工業用需要と称しているが、統計機関によっては歯科用需要を工業用に含めているところもある。

　工業用部門の需要量（エレクトロニクスとその他工業）は1995年に300トン台に増加し、2000年に381.8トンまで増加した。その後は価格上昇により、代替が進んだことから減少したが、2000年代半ば以降は、携帯端末向けの金線や金メッキ溶液の需要が増加したことから、2007年に429.2トンと過去最高を記録した。その後はリーマンショックの影響などで2009年に369.4トンに減少したが、2014年は366.3トンと若干の回復をみせている。

　2014年の宝飾品部門が加工用需要の77.3％を占めるのに対し、工業用部門は12.8％となっている。工業用需要は金価格が異常に高騰すれば、安価な銀に代替されるなど需要家の「省金」を誘発し、需要量が減少する傾向がある。

③ 歯科用

　金の歯科用需要とは、歯科医療用の合金需要のことである。歯科材料とし

図表10　金加工用先進国・途上国需要

単位：トン

	2005	2006	2007	2008	2009	2010	2011	2012	2013	2014
〈先進国〉										
宝飾	693.7	586.5	550.3	467.3	352.4	339.0	307.6	286.7	294.8	302.7
エレクトロニクス	254.1	278.5	280.3	262.1	219.1	262.4	251.5	219.1	212.7	205.9
歯科	59.4	57.7	54.8	52.7	50.0	45.8	40.3	36.0	33.8	31.5
その他工業	49.9	51.9	55.2	54.2	46.1	49.8	47.9	45.4	44.5	44.5
公的金貨	49.9	51.9	55.2	54.2	46.1	49.8	47.9	45.4	44.5	44.5
メダル等	1.7	1.8	1.8	1.8	1.8	1.9	3.3	2.3	2.4	2.4
小計	1,108.6	1,028.3	997.5	892.4	715.4	748.6	698.5	634.9	632.7	631.5
〈途上国〉										
宝飾	2,028.2	1,715.7	1,875.4	1,840.8	1,466.6	1,693.7	1,726.3	1,721.7	2,144.2	1,910.4
エレクトロニクス	40.2	46.4	50.9	55.8	63.9	70.1	78.4	76.0	76.7	73.3
歯科	3.0	3.0	2.8	2.9	2.6	2.6	2.6	2.5	2.5	2.4
その他工業	42.2	42.6	42.8	43.2	40.3	45.0	47.1	46.9	48.3	42.6
公的金貨	70.4	76.0	81.7	81.5	76.3	81.9	121.8	102.8	158.2	91.4
メダル等	35.3	57.7	66.7	68.0	57.1	86.5	84.5	111.1	101.5	75.0
小計	2,219.2	1,941.4	2,120.3	2,092.1	1,706.8	1,979.8	2,060.7	2,061.0	2,531.4	2,195.0
世界合計	3,325.2	2,974.1	3,112.2	3,036.2	2,523.6	2,795.2	2,828.2	2,738.2	3,238.0	2,863.8

資料：トムソン・ロイターGFMS「ゴールド・サーベイ2015」に基づき筆者作成。

て求められる特性としては、①人体に悪影響を及ぼさないこと、②加工が容易であること、③一定の強度を保持していること、④抗酸性（乳酸が歯表面のエナメル質を溶かして虫歯をつくるのを防ぐ）、などを満たしている必要がある。

　その点、金は歯科用材として最も理想的な材料といえる。唯一の欠点である柔らかさは、パラジウムなどの他の金属と合わせることによって補われている。最近の傾向としては、パラジウムの含有量の多い合金の使用量が増大している。

　この部門での金の年間需要量は従来50トン前後だったが、1992年以降は60トン台に増加し、1997年に70.1トンと過去最高を記録した。景気や価格動向にはあまり影響されず、その後も堅調に需要が推移したが、2005年はドイツの歯科治療向け国家予算の変更による需要減少が主因となり、62.4トンに減少した。その後も欧州で安価な非鉄やセラミックへの代替が進んだことから、需要は減少を続け、2014年は33.9トンと過去10年で最低を記録した。

　このように、歯科用需要に最も影響を及ぼす要因は、各国における健康保険制度の変更が挙げられる。いわゆる金歯も保険の対象になれば、その国における金の歯科用需要は大幅に伸びる可能性がある。逆に、今まで保険の対象であったものが対象から外された場合、その国の金の歯科用需要は大きく減少することになる。また価格が上昇すれば、安価な非鉄やセラミックへの代替が進むことになる。

④　公的金貨

　金の公的金貨需要とは、各国中央銀行が発行する法定貨幣である金貨を製造するための需要である。単位が小さいので、売買が容易にできるという利点から投資家の人気がある。

　ここで注意を要することは、統計上、加工用需要のその他に含まれる公的金貨需要は鋳造用の原材料としての需要量ではなく、金貨の販売量を指すことである。たとえば、ある中央銀行が100トンの金地金を加工して金貨を鋳造し、このうち80トンの金貨が販売されたとする。この場合、統計上の公的金貨需要は80トンとなり、残りの20トンは通常、当該国の金準備高、あるいは国家保有高として計上される。

図表11　金貨一覧

名　称 国	製　造 （販売開始）	種類（オンス） 品　位	デザイン	備　考
クルーガー ランド 南　ア	南ア造幣局 （80年12月）	1、1/2、1/4、 1/10 22K 〈91.67％〉	表 南ア初代大統領 クルーガー氏 裏 鹿	86年以降、各国の禁輸措置により製造停止に追い込まれた。現在はほとんど流通しておらず、在庫がなくなれば、姿を消す運命にある。
パンダ 中　国	中国造幣 公　司 （82年9月）	1、1/2、1/4、 1/10、1/20 24K 〈99.99％〉	表 中国天壇 裏 パンダ	毎年デザインが変わり、収集型金貨の特色を併せもつ地金型金貨。年によっては、プレミアムが付く場合もある。
メイプル リーフ カナダ	カナダ王室 造幣局 （82年11月）	1、1/2、1/4、 1/10 24K 〈99.99％〉	表 エリザベス女王 裏 楓の木	世界で最もポピュラーな地金型金貨であり、日本での販売シェアも50％前後の人気を誇っている。
イーグル 米　国	米国造幣局 （86年11月）	1、1/2、1/4、 1/10 22K 〈91.67％〉	表 自由の女神 裏 イーグル	米国内では人気の高い、地金型金貨。しかし、品位が22Kであるため、日本での売買高は伸び悩んでいる。
カンガルー オーストラリア	オーストラリア・ パース造幣局 （87年5月）	1、1/2、1/4、 1/10、1/20 24K 〈99.99％〉	表 エリザベス女王 裏 カンガルー	毎年デザインが変わる地金型金貨。中国のパンダ金貨と同様に、収集型の特色を併せもつ。最近、日本での売上が伸びつつある。
ブリタニア 英　国	英国王室 造幣局 （87年11月）	1、1/2、1/4、 1/10 22K 〈91.67％〉	表 エリザベス女王 裏 ブリタニア （女神）像	最も歴史がある英国造幣局の製造にかかり、その優れたデザインで有名である。22Kであるが、日本ではイーグル金貨よりも人気はある。
ウィーン金貨 ハーモニー オーストリア	オーストリア 造幣局 （89年11月）	1、1/4 24K 〈99.99％〉	表 パイプオルガン 裏 管弦楽器	欧州初の24Kの地金型法定金貨。ウィーン・フィル・ハーモニー管弦楽団をモチーフに造られたもの。

〈金〉　35

代表的な米国のイーグル金貨は法定貨幣であり、1オンス金貨の額面は50ドルとなっている。つまり、これを一般の通貨として利用することができるが、金1オンス当たりの市場価格は約1,200ドル（2015年5月現在）であるため、イーグル金貨が貨幣として物品購入などに使用されることはまずない。

　公的金貨の需要は2000年代を通じてほぼ増加傾向（2009年を除く）にあり、2002年の97トンから2013年には202.7トンであったが、2014年は135.9トンに減少している。

⑤　退蔵用需要

　金は戦乱や貨幣価値の急落などに備えて退蔵が行われる。欧州大陸や東南アジア、中東などにおいては有事に備えて退蔵されている。

　投資目的の退蔵の場合には、金利よりもインフレ率が高いときに金の需要が起こるが、近年はその他の金融商品の発達などにより、インフレ・ヘッジとしての金投資は減退傾向にある。

　また、金価格の上下変動を利用して売買差益を追求する向きもある。特に米国においては、年金基金などの大口機関投資家が資産運用の方策の1つとして金投資を取り上げており、金市場へ進出してくるケースがある。これは新たな金融商品としての金投資信託（ETF）というものであるが、金の価格変動要因の「（1）金ETF（上場投資信託）」で説明したとおりである。

　なお、統計上の扱いについては、「退蔵放出」の項で述べたとおり、「民間退蔵需要＝投資需要＝需給格差」ととらえる。需給表（図表3参照）では、金塊退蔵は2005年から2007年まで200トン台で推移していたが、2008年に659トンに急増し、2011年にはほぼ倍増となる1,230トンを記録した。一方、欧米の退蔵購入は価格変動や他資産の動向にも左右され、2009年の1,131トンから2010年には608トンに急減し、2011年には62トンまで減少した。世界各国の金融緩和で将来のインフレが懸念され、金がヘッジとして買われ、現物で保有する投資家が増加した。ただ欧州の債務危機が拡大すると、株価が急落し、ヘッジとして買われていた金が損失補てんのために売られる場面もみられ、投資需要を抑制する要因ともなる。

5．世界の金市場

世界の金市場は、現物（スポット）市場と先物市場に大別され、前者の中心はロコ・ロンドンおよびロンドン市場、後者の中心はニューヨーク・マーカンタイル取引所（NYMEX）、および東京商品取引所である。

（1） ロコ・ロンドン

世界の金市場、特に現物市場の中で最も重要な市場であり、世界の取引の中心となっている。厳密には外為市場と同じく、2営業日後決済という条件による直物取引の形態で、電話などによる相対取引が原則的に週末を除く24時間行われる。また、「ロコ・ロンドン」とは「ロンドン渡し」の意味で、物理的な取引所は存在しない。その金価格は、1トロイオンス当たりの米ドル建てで表わされる。

（2） ロンドン市場

ロンドンでは、その起源から100年以上もの歴史があった毎日2回の値決め（フィキシング）が、2015年3月で廃止となり、それに代わって、ICE（Intercontinental Exchange）のシステムによるLBMA Gold Priceの算出が始まった。LBMA Gold Priceの基本的仕組はフィキシングと同じで、この価格決定に直接参加する「参加者participants」が、自らと自らの顧客の注文を集め、その注文を一堂に付け合わせることによって最も需給の合うところ、つまり、売り買いがマッチするところで売買を成立させ、その価格をLBMA Gold Priceとして発表する。フィキシングという呼び名を使わなくなったこと、そして、その付け合せがコンピュータシステムにより行われることになったことが、フィキシングとの違いとなる。参加者もフィキシングの頃のような固定化されたフィキシングメンバーではなく、広く門戸を広げる方針のようである。

2015年7月現在の参加者は、バークレイズ、中国銀行、ゴールドマン・サックス、HSBC、JPモルガン、モルガン・スタンレー、ソシエテジェネラル、スタンダードチャータード、スコーシアモカッタ、UBSの10社であ

〈金〉 37

り、フィキシング時代からは参加者が倍増しており、今後も増えていくものと思われる。しかし、ゴールドのインターバンクOTCでの取引は近年急速に衰えてきており、ほとんどのマーケット参加者は直接先物市場であるCMEでの取引を行っている。

（3）　ニューヨーク・マーカンタイル取引所

　米国は1974年12月31日、第二次世界大戦後初めて金の私的保有を認め、翌年1月からニューヨーク商品取引所（COMEX）（現在はCMEグループに属するニューヨーク・マーカンタイル取引所（NYMEX））での金先物取引が始まった。

　米国には先物取引の伝統があり、国民が先物取引に習熟しているという素地があったこと、さらにはニューヨークが世界の政治経済の最新情報を容易に入手できるという背景があったことにより、取引は年々拡大し、現在では世界の金市場をリードする地位を確立している。

　また、個人投資家のほかに機関投資家（生保、年金基金等）が資産運用の場として市場に参入している上、ヘッジャーにとっても現物市場より先物市場の方が低コストで参入できることが、その市場規模を非常に大きくしている一因になっている。

　取引単位は100トロイオンス、呼値は1トロイオンス当たり10セント（10分の1ドル）で、品位は99.5％以上である。なお、金価格の上昇に伴い、2011年の年間出来高は4,917万5,583枚まで膨らみ、過去最高の出来高となった。だが、その後の価格下落を受けて、2014年の年間出来高は4,051万8,803枚となっている。

（4）　東京商品取引所

　1982年3月23日に金の取引が開始され、それから極めて短期間で世界の先物市場を二分する大市場に急成長した。1991年4月には、日本の先物市場で伝統的な「板寄せ方式」から、海外の主要市場と同じザラバ取引に移行し、同時に取引方法も電算化（コンピュータ化）されたことで、その取引規模は一段と拡大した。年間出来高は、1992年の419万3,775枚（1枚1キログラ

ム）から1994年には1,248万1,095枚に急増した。その後はやや減少したが、2000年以降は価格上昇とともに人気化し、2003年には2,663万7,897枚を記録した。

　しかし、2005年以降、個人投資家への営業規制が強化された結果、商品取引員の撤退が相次ぎ、東京商品取引所（当時、東京工業品取引所）を含め、日本の商品市場全体の出来高が大幅に減少した。2007年7月には取引単位を10分の1にした金ミニ取引も始まったが、2008年9月のリーマンショック以降も取引は伸び悩んだ。ただ、2009年5月に夜間取引（17：00～23：00）開始、2010年9月に時間延長（17：00～04：00）し、出来高の減少に一時的に歯止めがかかった。その後は再び減少に転じ、2014年の金標準の年間出来高は874万4,990枚となっている。

　東京商品取引所の金先物市場の特徴は、NYMEXなどに比べ、個人投資家の参加比率が高い点、逆に銀行などの機関投資家の参加比率が低い点が挙げられる。なお、2015年5月7日から、東京ゴールドスポット100の取引を開始した。同商品は、金（ゴールド）の理論スポット価格を取引対象とする商品で、ポジションは自動的に翌営業日に持ち越される決済期限のない取引となっている。

（5） チューリッヒ市場

　伝統的に現物取引の中心としてロンドンと並び称される。1930年代から世界最大の金貨市場として知られ、1951年に金の輸入が自由化されたことで、取引が急速に拡大した。

　地理的な特徴としては、欧州最大の金消費地で、宝飾品加工の中心であるイタリアに隣接し、かつ中近東にも近いという好条件がある。また、南アやロシアといった生産者とのつながりが強いことも取引を有利にさせている。さらに、スイスにおける為替管理の自由化、物品税の免除、通貨スイスフランの安定、低金利、銀行の守秘義務などの経済的諸条件も、市場の拡大に寄与した。

　チューリッヒ市場では、スイスの2大銀行（スイスユニオン銀行＝UBSAG、クレディ・スイス銀行）を中心に取引が行われる。この2行は各

行独自の精錬所を所有し、需要に応じて各種サイズの金塊を製造販売しており、その品質は世界的にも高く評価されている。

取引単位は通常、50キログラム以上の任意であり、呼値は1トロイオンス当たり10セント（10分の1ドル）、品位は99.5％以上となっている。

（6） 香港・上海市場

香港は、シドニー、東京およびチューリッヒ、ロンドンと取引時間が重なり、極東の中心的な役割を果たしている。その取引の歴史は古く、日本より10年ほど早くロコ・ロンドンの取引が始まった。

一般に「テール市場」と呼ばれる中国金銀貿易場は、1910年に設立された。テールとは重さの単位で、1テール＝1.2トロイオンスである。品位は99％で、国際的な99.5％より低品位なものになっている。

取引形態は現物取引で、当日の受渡しが原則であるが、保管料を支払えば決済の延期もできる。市場参加者は地場の有力貴金属商やディーラーから欧米系のディーラーまで幅広く、ロコ・ロンドンとのサヤ取りも活発に行われている。

先物市場としては、1976年12月に設立された香港先物取引所（当初の名称、香港商品取引所）があり、金先物市場は1980年8月に開設された。取引形態はNYMEXとほぼ同じであるが、取引は不振が続いている。

一方、2002年10月から上海黄金交易所（SGE）で金取引（現物取引）が開始された。これまで中国での金取引は中国人民銀行（中央銀行）が管理していたが、2001年5月から同行が買い値と売り値を公表し、自由化に動き出し、SGEでの試験売買を経て2002年10月に上場された。SGEで取引すれば付加価値税が免除されることから、現物取引が集中するようになり、2012年の年初の出来高はAu99.99（純度99.99％の金地金）で1万3,077枚と過去最高を記録した。中国人民銀行は2005年7月、それまでのドルペッグ制（ドル連動性）を廃止し、人民元を通貨バスケットに連動させることを発表したが人民元の切り上げ幅は約2％と小さかった。金市場の完全自由化にはさらなる為替制度の改革が必要であるが、金先物取引については、2007年9月に上海期貨交易所（SHFE）での上場が承認され、2008年1月から取引が開始

図表12　ロコ・ロンドン（現物）の取引時間

日本時間	00 01 02 03 04 05 06 07 08 09 10 11 12 13 14 15 16 17 18 19 20 21 22 23 24
シドニー	←————————→
東　京	←————→
香港・シンガポール	←————→
チューリッヒ	←————→
ロンドン	←————→
ニューヨーク	———→　　　　　　　　　　　　　　　　　　　　　←——

図表13　商品取引所（先物）の取引時間

日本時間	00 01 02 03 04 05 06 07 08 09 10 11 12 13 14 15 16 17 18 19 20 21 22 23 24
東　京	————→　　　　　←————→　　　　←————→
ニューヨーク（立会い）	———→　　　　　　　　　　　　　　　　　　　　　　　　←—
ニューヨーク（電子取引）	————→　—————————————

注：通常時間、夏時間を実施している地域ではサマータイムに1時間早まる。

された。年間の出来高は当初3年間は700万枚（1枚1キログラム）前後となったが、2011年は1,444万枚、2014年には2,385万枚まで増加している。

6．情報ソース

金需給をみる上で、その統計が必要となるが、次に挙げる3つの機関の発表しているものが幅広い信頼を得ている。

① トムソン・ロイターGFMS

GFMSとは、ロンドンに本部を構えるゴールド・フィールズ・ミネラル・サービシズ社（Gold Fields Mineral Services Ltd.）の略である。

1967年にコンソリディテッド・ゴールド・フィールズ（CGF）社が金の調査報告書「GOLD1967」を発行したのが始まりで、以来CGF社の金報告書は「金のバイブル」と称され、世界で最も信頼される金需給統計と見なされてきた。しかし、1989年にはCGF社がハンソン社によって買収され、同調査報告書の発行が危ぶまれる事態となった。

このような事態を避けるため、CGF社の関連会社であるゴールド・

〈金〉

フィールズ・オブ・サウスアフリカ、ニューモント・マイニング・コーポレーション、レニソン・ゴールドフィールズ・コンソリディテッドの大手金鉱山3社の出資によって、新たに合弁会社を設立し、CGF社が刊行してきた金調査報告書を踏襲して発行することになった。その合併会社がGFMS社である。また、2011年にはトムソン・ロイター社がGFMSを買収し、「トムソン・ロイターGFMS」となった。

トムソン・ロイターGFMSの金需給報告は、5月に前年度実績などの本報告が発表される。また、9月と1月にはアップデート1・2が発表される。その作成方法は、専門家を世界各国に派遣し、金現物の関係者に直接取材して行われるため信頼性が高く、各方面からの支持を受け、広く利用されている。また四半期ごとの需給に加え、2003年からは鉱山会社のヘッジに関する報告書も作成している。

② USGS

米地質研究所（USGS：United States Geological Survey）は、米内務省の研究機関であり、1879年3月3日に設立された。鉱物関連の報告書では、年次で「ミネラル・コモディティ・サマリーズ」「ミネラルズ・イヤーブック」、月次で「ミネラル・インダストリー・サーベイ」などが作成、発表されている。

③ WGC

WGCとは、金の普及を目的とした非営利団体であるワールド・ゴールド・カウンシル（World Gold Council）の略称である。

南ア、北米、オーストラリアの金鉱山会社によって組織され、1987年に設立された。ジュネーブに本部を構え、金の主要消費国20カ国以上にオフィスを設置している。金需給に関するきめ細かい調査・分析を施し、様々な報告書を出している。定期的に発表される報告書には、四半期ごとに発表される「ゴールド・ディマンド・トレンド」などがある。

7．取引要綱

ニューヨーク金

取引所	ニューヨーク・マーカンタイル取引所（ＮＹＭＥＸ）		
取引方法	CMEグローベックス、CMEクリアポート、オープン・アウト・クライ（NY）		
取引時間	CMEグローベックス CMEクリアポート	米東部標準時間午後6時00分～午後5時15分（日～金） （午後5時15分から45分休止）	
	オープン・アウト・クライ	米東部標準時間午前8時20分～午後1時30分（月～金）	
売買単位	1枚100トロイオンス		
呼値と単位	1トロイオンス当たり0.1ドル		
納会日	受渡月の最終営業日から3営業日前		
限月	23か月以内の2、4、8、10月の各月と72か月以内の6、12月の各月、 および当月を含む直近の3か月		
受渡日	第1営業日から最終営業日まで		

注：2015年12月末現在。ニューヨーク商品取引所（COMEX）は1997年にニューヨーク商業取引所（NYMEX）に吸収、NYMEXは2008年にCMEグループに買収される。

〈金〉 43

東京金（標準取引・ミニ取引）

	標準取引	ミニ取引
取引の種類	現物先物取引	現金決済先物取引
標準品	純度99.99%以上の金地金	標準取引と同様 （現金決済先物取引の対象）
売買仕法	システム売買による個別競争売買（複数約定）	標準取引と同様
限月	新甫発会日の属する月の翌月から起算した12か月以内の各偶数月（6限月制）	標準取引と同様
新甫発会日	当月限納会日と同日とし、日中立会終了後の夜間立会から	当月限取引最終日と同日とし、日中立会終了後の夜間立会から
当月限納会日	受渡日から起算して4営業日前に当たる日（日中立会まで）	―
取引最終日	―	受渡日から起算して4営業日前に当たる日（夜間立会まで（※）） ※当該取引最終日の前日（休業日に当たる場合は順次繰り上げる。）に始まる夜間立会をもって終る。
最終決済日	―	取引最終日と同日
最終決済価格	―	標準取引の日中立会の始値
受渡日時	毎偶数月末日の正午まで（12月の受渡日は28日の正午まで。受渡日が休業日または大納会に当たるときは順次繰り上げ	―
受渡供用品	標準品と同等であって、取引所が指定する商標等の刻印のあるもの。受渡品の供用量目の増減はなし	―
受渡場所	取引所の指定倉庫（東京都所在の営業倉庫）	―
受渡方法	渡方は受渡品に関わる取引所指定倉庫発行の倉荷証券を、受方は受渡値段による受渡代金をそれぞれ当社に提出して行う。	―
立会時間	日中立会：午前9時00分～午後3時15分 夜間立会：午後4時30分～翌日午前4時00分	標準取引と同様
取引単位	1キログラム（1枚）	100グラム（標準取引の1/10）（1枚）
受渡単位	1キログラム（1枚）	―
呼値とその値段	1グラム当たり1円刻み	標準取引と同様
CB幅	夜間立会開始時に前計算区域の帳入値段（新甫発会の場合は隣接限月の帳入値段）を基に設定	標準取引と同様
証拠金	㈱日本商品清算機構が証拠金額計算の基礎となる値（変数）を決定	
建玉数量の制限（委託者）	売または買のそれぞれにつき次の数量 一般委託者 限月の区別なく　5,000枚 当業者、投資信託等およびマーケット・メーカーの委託者 当月限　　10,000枚 合計　　　30,000枚	売または買のそれぞれにつき次の数量 一般委託者 限月の区別なく　10,000枚 当業者、投資信託等およびマーケット・メーカーの委託者 限月の区別なく　60,000枚

注：2015年12月末現在。その後の変更については、各商品取引所の通知を参照されたい。

東京ゴールドスポット100

取引の種類	限日現金決済先物取引
取引の対象	純度99.99％以上の金地金
売買仕法	システム売買による個別競争売買（複数約定）
帳入値段	「理論現物価格」：当社金標準取引の「1番限月」および「6番限月」の帳入値段を用いて当社市場内のフォワードレートを算出し、当該レートを用いて、その日の1番限月の価格を納会日までの残日数相当分を現在価値に割引いて算出する。ただし、「1番限月」の納会日については、「2番限月」および「6番限月」の帳入値段を用いて当社市場内のフォワードレートを算出し、当該フォワードレートを用いて理論現物価格を算出する。
取引の期限	1計算区域（限日取引）：1計算区域の立会時間において成立し、または1計算区域の直前の計算区域の立会終了時におけるロールオーバーにより発生し、転売もしくは買戻しまたは建玉が発生した計算区域の立会時間終了時におけるロールオーバーにより消滅する限日取引とする。
立会時間	日中立会：午前9時00分〜午後3時15分 夜間立会：午後4時30分〜翌日午前4時00分
取引単位	100グラム
呼値とその値段	1グラム当たり1円刻み
CB幅	夜間立会開始時に前計算区域の帳入値段を基に設定
証拠金	㈱日本商品清算機構が証拠金額計算の基礎となる値（変数）を決定
建玉数量の制限（委託者）	設定しない。ただし、当社が必要と認めた場合には、委託玉および自己玉について、当社が必要と認めた建玉制限を設けるものとする。

注：2015年12月末現在。その後の変更については、各商品取引所の通知を参照されたい。

銀

1. 銀の歴史と魅力

　銀が発見されたのは金や鉄、銅に次いで紀元前4000年頃のことで、小アジア（アジア大陸西端の黒海、エーゲ海、地中海に囲まれた半島。アナトリア半島の別称）のカッパドキア（現トルコ中部高原）において、粒状の銀が造られたといわれている。銀が加工され、製品が作られたのは、紀元前3000年頃で、シュメール人によってなされたとされている。銀貨は、リディア（トルコ南西部）において紀元前670年頃に初めて作られた。もっとも、同国で産出したエレクトラムという自然金銀合金を貨幣にしたもので、精錬された純度の高い銀が用いられたわけではなかった。

　日本の場合、初めて歴史に国産銀の記述が出てくるのは、対馬から天武天皇に銀が献上された674年である。691年にも伊豫国から持統天皇へ銀が献上されたと記述がある。「白金(しろがね)も黄金(くがね)も玉も何せむにまされる宝子に及(し)かめやも」という有名な山上憶良の和歌が詠まれたのは728年のことである。「しろがね」は銀のこと、「くがね」は金のことである。ただし、この時代の銀の生産量は極めて少なかったとされ、平安時代を通しても1トンに満たなかったとの説がある。

　日本の銀生産が飛躍的に伸びたのは、灰吹法(はいふきほう)と呼ばれる精錬法が実用化された1533年以降のことである。この灰吹法の実用化によって、日本の金銀の生産高が急激に拡大した。

2. 銀の商品特性

　銀の色相はいわゆる銀白色で、比類なき美しさをもっているため、古くから宝飾品の製造に使用されるとともに、通貨としても使用され、金とほぼ同

〈銀〉　47

じ役割を担ってきた。しかし現代では、「銀はもはや貴金属ではない」とまでいわれるようになった。通常、貴金属といえば、金、銀、白金、パラジウム、ロジウム、イリジウム、ルテニウム、オスミウムの8種類の物質を指す。この中で、銀は最も貴金属らしくない貴金属といえる。

その理由の第一には、生産規模が他の貴金属に比べてはるかに大きいこと、第二に硫化しやすく、すぐに変色する（黒ずむ）ことが挙げられる。これらが最近では銀に対するイメージを悪くしているといえる。

太古のむかしには、金よりも生産量が少なかったこともあり、金よりも尊ばれた時代もあった。これは、銀が主として硫化物鉱床の中に存在し、自然銀（砂銀）として産出することは極めてまれで、金のように砂金という形態で産出されることはほとんどなかったためである。しかし、人類が有史以来産出した銀の総量は、一説には100万トンを上回るともいわれており、金が推定17万トン強であるのに比べ、その供給規模の大きさが分かる。潜在的供給量が大きい上、回収システムがすでに整備されていることから、貴金属のイメージである希少性が損なわれる結果となっている。「限りなく非鉄金属に近い貴金属」というのが、現代の銀を定義付ける場合の表現として妥当なものとされている。

（1） 物質的特性

銀の元素記号はAg、原子番号は47、原子量は107.8694、比重は10.49、沸点は2,259℃、融点は961.93℃。比重と融点は貴金属の中では最も低い。銀の物質的特性は次のとおりである。

①熱、および電気の伝導率が金属の中で最も高い。熱伝導率は1.00で、銅の0.94を上回る。電気抵抗は1.60で、金の2.40を上回る。

②展延性が金に次いで優れている。金箔と同様にして厚さ0.2ミクロンの銀箔を作ることができ、細線に引くこともできる。

③常温時効という特異な性質がある。これは加工硬化によって強度を高めた銀を常温で放置すると、再結晶し強度が低下する（軟化する）性質である。

銀の融点は、高温度計の温度補正に極めて重要な定点であり、工業上にも

化学上にも温度の基準となる。このため、純銀は定点金属として使用され、その需要量の多少は別にして、科学および工業界に重要な役目を果たす。

　光学的な特性としては、可視光線に対する反射率が90％で、金属の中で最高である。赤外線に対する反射率は、金に次いで高く98％に達する。この熱線をよく反射する性質も工業用に利用されている。たとえば、銀製の鍋ですき焼きをすると決して焦げつかないといわれるが、これは銀が熱線を反射してしまい、銀鍋があまり高温に熱せられないためである。

　また、銀の電子ボルトは非常に低く、したがって、銀の表面から電子を放出させるのに要するエネルギーは非常に小さいので、この性質を利用して電子工業への応用が開かれている。

　さらに、銀は多くの金属と優秀な合金を作ることができる。銀にとっても、純銀ではなく合金にすることで、常温時効という欠点を補うことができる。

　銀の金属もしくは合金としての用途としては、装飾用、貨幣用、電気接点、ろう用合金、バイメタル、銀箔、銀粉、ベアリング、真空蒸着などがある。

（2）　科学的特性

　銀の主な科学的特性としては、次の2点が挙げられる。
　①王水、硝酸、熱濃硫酸、シアン化アルカリ液と熱アルカリ液に溶解する。
　②硫化水素や亜硫酸ガスと容易に反応し、硫化銀となる。

　銀は通常の条件下では大気中で加熱しても酸素を吸収したり、酸化したりしないが、大気中の水分と亜硫酸ガスまたは硫化水素により硫化して黒くなる。また、卵、その他の硫黄含有食品やゴム中の硫黄が作用して、銀を黒くすることがある。一般にこれを銀の酸化というが正しくは硫化である。これが銀の最大の欠点といえる。しかしながら、硫化銀の膜は化合物の割には電導性がよいので、それがごく薄い場合には接点の性質はあまり劣化しない。もちろん、その程度が一層進行すれば、電導性は劣化する。表面の黒くなった銀は、歯磨粉をつけて磨くか、青化カリ液に漬けてこれを除くことができ

〈銀〉　49

る。

銀の科学的用途には、銀電池、銀鏡、写真フィルム（写真感光材料）、電気メッキ、医薬品、触媒、導電塗料などがある。

（3） 銀の精錬方法

自然銀の採取の歴史は有史以前に遡ることができるが、その採取方法は主として水筬（すいきゅう）による。すでにその時代に塩化銀鉱石を木炭で還元する方法が発見されていた。

15世紀には混汞法（こんこんほう）が実用化された。これは銀鉱石に食塩と硫酸銅を作用させ、さらに水銀を加えてアマルガムとして採取するものであり、その後次第に改良されながら続けられた。

1900年以降は複雑な鉱石を取り扱う必要が生じたので、粉砕比重選鉱および乾式精錬といった現在とほぼ同様の新精錬法が開発された。その方法は、金、銀の微量を含有する銅、鉛、亜鉛などの鉱石の精錬には不可欠のものであった。

現在における銀の採取は、鉱石が金銀鉱である場合は混汞法または青化法によるものが普通となっている。ただし、混汞法は現在、ほとんど青化法に変わりつつある。

3．銀の価格変動要因

（1） 主な価格変動要因

銀には通貨的側面があることから、金と同様に経済・インフレ・金利動向、国際情勢の緊張と緩和などが価格変動要因となる。また、金・白金や非鉄相場の動きの影響も受ける。さらに、株式・債券の動きやオプション取引の影響を受けることもしばしばある。

ただし、他の貴金属に比べ、銀が物価やインフレ動向に敏感で、かつ金よりも値動きが激しい一因には、過去にインフレに強い貴金属として金以上のパフォーマンスをみせたことが幾度となくあったことが挙げられる。その典

型的な事例が、後述する「ハント兄弟の銀買い占め事件」である。また、米先物市場では、CRB（コモディティ・リサーチ・ビューロー）指数が身近なインフレ指標として注目されるため、インフレ懸念が高まったりCRB指数が上昇傾向を強めるような局面では、CRB指数の主要構成品目となる農産物や原油の動きに敏感に反応することが見受けられる。

供給面では、メキシコ、中国、ペルーが世界3大生産国である。中でもメキシコが世界最大の生産国であることから、その生産・輸出動向や、政治・経済情勢も重要な変動要因となる。一方、1999年以降、中国政府の売却が目立ったが、急速な経済成長によって国内需要が増加し、中国の需給が引き締まることとなった。このため、2007年以降は輸入国に転じた。また、ペルーの鉱山生産は高品位であり、2009年まで世界最大の銀生産国だったが、2010年以降は銀価格上昇により、低品位鉱山で採掘したことから、生産量は3,000トン台での推移が続いており、2014年は3,779トンの生産となっている。

なお、銀価格は2011年4月に49.47ドルまで上昇し、「ハント兄弟の銀買い占め事件」以来の高値を付け、金価格より早くピークアウトすると、その後、商品安の流れを受けて、2014年12月には、14.49ドルまで価格を引き下げた。2015年6月時点では15ドル台での取引が中心となっている。

① **メキシコ**

世界最大級の銀生産国であるメキシコ（2014年の生産は6,000トン）は、銀のほかに石油や金、銅、鉛、ウランといった天然鉱物資源が豊富で、国家経済はこれらの資源輸出に大きく依存している。

他方、多額の対外債務を抱えている国としても知られている。1994年12月にセデイジョ大統領が、過大評価されていた通貨ペソの15％切り下げを実施し、その後、ペソが変動相場制に移行されたにもかかわらず、国内資本の海外流出が続いて通貨危機に陥った。

その後、米国の強力な支援があって一時底をついていた外貨準備高も1995年夏には回復し、かつての深刻な状況は遠ざかった。しかし、NAFTA（北米自由貿易協定、1994年発効）締結により、対米の輸出依存度が高く、米国の景気に左右されやすくなっている。メキシコ通貨ペソはリーマンショック

〈銀〉 51

直後、1994年の通貨危機以来の急落となったが、米国との通貨スワップ協定などにより、大きな混乱はなかった。米国の景気とともにメキシコの政治・経済情勢は銀相場を予想する上での手がかりになることがある。

② 中　国

中国は世界有数の銀生産国であり、1990～97年にかけては鉱山生産が需要を大幅に上回ったことから中国政府が過剰分を買い上げた。中国政府は1935年まで銀本位制を採用しており、莫大な在庫があったとみられ、ここに1990年代の買い付けで政府在庫が2,800トンも増加し、適正水準を大幅に上回ったことから1998年以降は売却に転じた。シルバー・インスティテュート（SI）の推定ではその後6年間で1万トン近くが売却されたとみられる。銀市場が2000年代半ばに需要超過から供給過剰に転じる中、中国の政府在庫が減少したことから、2006年を最後に売却はなくなっている。

一方、供給面では、2000年代に銀鉱山の開発が進んで増加した。2002年の1,646トンから2014年には3,568トンと倍以上となっており、生産動向も焦点である。また、2009年以降は、インフレや実質金利低下を背景に銀投資が進んだ。2011年末の民間の保有在庫は推定で3,000トンに達したとみられており、投資家の動向も注目されている。

③ ペルー

ペルーの鉱山生産は高品位であり、2009年まで世界最大の銀生産国だったが、2010年以降は銀価格上昇により、低品位鉱山で採掘したことから、生産量が減少した。2014年の生産は3,779トンであった。

なお、ペルーの銀生産大手にはボルカン、ブエナベンチュラなどがあるが、情報が乏しく市場で材料視されにくいとされている。

④ ハント兄弟の銀買い占め事件

銀が投機的な商品になった歴史的なトピックとして、「ハント兄弟の銀買い占め事件」がある。銀相場は1979年から1980年1月にかけて、史上最高値の50ドル台に暴騰した。当時、怒涛の銀買いを仕掛けたのが、石油で巨額の資産を築き上げた米テキサスのハント兄弟である。彼らの買い占めたポジションは、ピーク時には当時の世界鉱山生産の6割強に上った。

1979年に起きたイラン革命をきっかけに第二次オイルショックを迎え、世

界中が極度のインフレ圧力にさらされていた。さらにその年の暮れには、ソ連のアフガニスタン侵攻も重なり、国際情勢も緊張の連続となった。ハント兄弟はこうした状況の中、ドル資産の下落による資金の逃避先を銀に求め、大規模な投機を仕掛けた。彼らの行動には、このほかにも数名の大物投機家や富豪が加わった。事態を重くみたCOMEX理事会などは、最終的に買い注文は既存の玉の手じまいだけを許すというルールを設けた。これでようやく、スクイーズ（玉締め）の構造が崩れ、価格はわずか2か月ほどで10ドル台に暴落するという結末を迎えた。

ハント兄弟の銀買い占め事件は、銀の歴史の中で最も衝撃的な出来事だったが、最近に至ってもスクイーズに近い価格操作を思わせるような相場展開や取引所在庫の急減が起きることはある。「値動きは荒く、投機色が濃い」これが相場における銀の特性ともいえる。

⑤　投機家の動向

近年の投資手法はデリバティブ取引の発達により、大きく変わってきた。現在、先物市場や店頭オプション市場を利用する投機家は、ヘッジファンドや商品ファンドなどの機関投資家も含め、1970年代ならびに1980年代初頭に銀現物を大量に購入した旧来の投機家とは取引の目的や期間が大きく異なっ

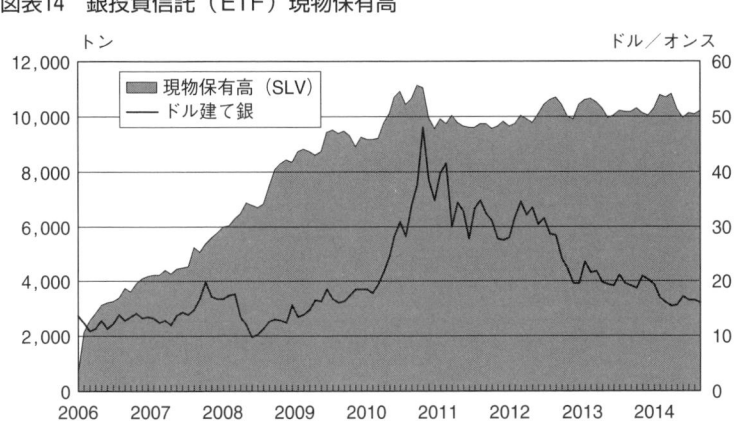

図表14　銀投資信託（ETF）現物保有高

注：SLVはニューヨーク証券取引所（NYSE）に上場されている銀ETFのコード。
資料：NYSE、iShares

ている。現在の投機家は即効型のパフォーマンスを追求するのが特徴で、これらが得られなければ投機資金は別の市場へと素早く流出する。その分、先物を含むデリバティブを通じた投機資金の動きが日々の銀価格の動向に及ぼす影響も大きくなっている。また、2006年以降は、銀ETF（上場投資信託）も新たな金融商品として登場し、投資家の人気を集めている。最大手は、ニューヨーク証券取引所に上場されているiShares Silver Trustで2015年4月末時点で約1万191トンの現物を保有している。

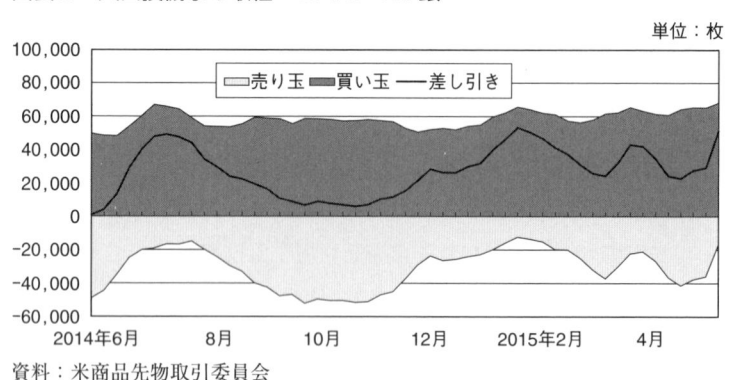

図表15　大口投機家の取組＝CFTC・NY銀

資料：米商品先物取引委員会

⑥　在庫変動

需給要因の中でも、在庫変動は特に注視する必要がある。在庫には、取引所・ディーラー在庫、政府在庫、メーカー在庫、民間退蔵があるが、毎日発表されているCOMEX指定倉庫在庫が身近な指標となる。単純に先進工業国で加工用需要が増加傾向にあれば、同在庫も間接的な影響で減少することがある。また、鉱山生産が増えたり、加工用需要が低下している場合は在庫の増加につながる。

1990〜2003年の銀市場は供給不足となり、不足分は在庫から補充された。COMEX在庫は1990年代初めに8,000トン台にまで増加したが、その後5年で3,000トン前後に急減した。特に1997年は1年間でほぼ半減（6,560トンから3,417トン）し、市場への供給源となった。金価格が低迷したのとは対照

図表16　COMEX銀指定倉庫在庫の推移

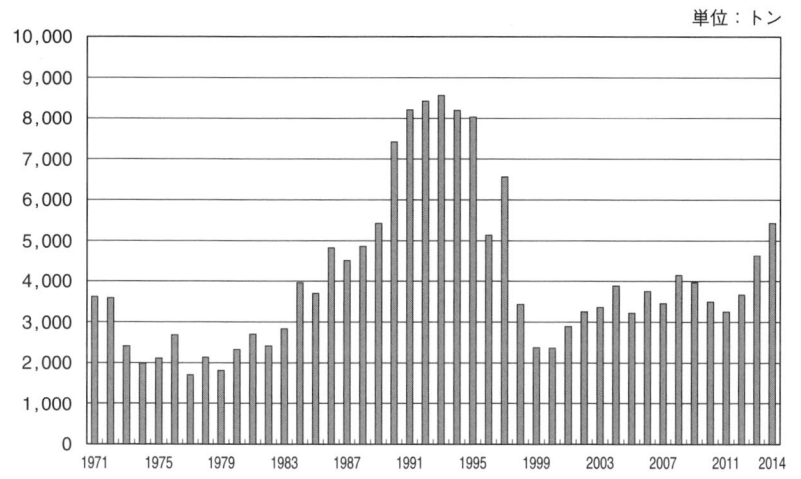

単位：トン

注：COMEX指定倉庫……NYMEXのCOMEX部門が指定した倉庫。
資料：COMEX

的に、銀価格が堅調さを維持したことも主因となった。

　COMEX在庫は1998～99年に減少が一服し、中国の政府在庫からの売却が目立つようになった。一方、2006年以降は欧州のディーラー在庫が急増した。2014年末現在では、4,976トンとなっている。シルバー・インスティテュート（SI）によると、銀ETF（上場投資信託）の登場が背景にあり、2006年末の1万3,667トンから2011年末は2万8,780トンに増加したが、2014年には、銀価格の下落の影響から、1万9,766トンに減少した。

4．銀の需給と在庫

（1）供　　給

　鉱山生産と二次供給が2本柱となる。金と同じく、公的機関からの売却はあるが、供給全体に占める割合は金に比べると小さい。また、規模は小さいながら、鉱山会社からのヘッジ売りも供給項目に挙げられる。

① 鉱山生産

　北米・南米が世界の2大生産地域で、世界全体の鉱山生産の6割近くを占める。これに中国、オーストラリア、ロシア、ポーランドが続いている。シルバー・インスティテュート（SI）によると、2014年の実績は世界の鉱山生産合計の2万7,293トンに対し、メキシコが6,000トン、ペルーが3,779トン、チリが1,574トン、ボリビアが1,344トン、米国が1,169トンで、北米・中南米の合計は1万6,383トンとなり、全体の60.0％を占める。その他、中国が3,568トンでメキシコ、ペルーに次ぐ世界第3位の銀生産国となっている。オーストラリアは1,848トン、ロシアは1,334トン、ポーランドは1,263トンとなっている。ちなみに日本の純粋な鉱山生産高は1980年代の300トン台から急減し、2014年は16トンとなった。また、非鉄などの輸入鉱石の精錬過程で生産される銀もある。

図表17　世界の銀需給

単位：トン

	2005	2006	2007	2008	2009	2010	2011	2012	2013	2014
供　給										
鉱山生産量	19,902	20,008	20,735	21,235	22,279	23,364	23,493	24,551	25,981	27,293
公的売却	2,051	2,441	1,322	949	486	1,375	374	229	245	—
二次供給	6,326	6,441	6,351	6,283	6,257	7,077	8,133	7,948	5,993	5,242
ヘッジ	1,427	—	—	—	—	1,569	381	—	—	492
ETF在庫（投資）	—	—	—	—	—	—	747	—	—	—
証券取引所在庫	—	279	—	222	475	231	—	—	—	277
供給合計	29,706	29,169	28,408	28,689	29,497	33,616	33,128	32,728	32,219	33,304
需　要										
工業用	14,890	15,694	16,866	17,292	14,486	17,986	17,702	16,891	17,102	17,085
写真産業	4,987	4,423	3,638	3,054	2,377	2,078	1,839	1,621	1,493	1,419
宝　飾	5,835	5,448	5,689	5,543	5,521	5,931	5,872	5,795	6,597	6,693
銀　器	2,124	1,933	1,873	1,818	1,654	1,606	1,467	1,359	1,830	1,887
コイン・バー	1,605	1,515	1,594	5,825	2,722	4,458	6,550	4,293	7,577	6,095
小　計	29,441	29,013	29,660	33,532	26,760	32,059	33,430	29,959	34,599	33,179
ヘッジ外し	—	362	750	269	541	—	—	1,464	1,102	—
ETF在庫（投資）	—	3,944	1,704	3,152	4,880	4,027	—	1,714	48	43
証券取引所在庫	494	—	669	—	—	—	378	1,934	273	—
需要合計	29,935	33,319	32,783	36,953	32,181	36,086	33,808	35,071	36,022	33,222
銀平均価格（ドル/オンス）	7.31	11.55	13.38	14.99	14.67	20.19	35.12	31.15	23.79	19.08

資料：シルバー・インスティテュート「ワールド・シルバー・サーベイ2015」に基づき筆者作成。

1) 産出形態

銀の生産は、銀鉱石からの生産と、金・非鉄金属などの生産過程で採取される副産物としての生産とに分けられ、前者を「プライマリー」、後者を「バイ・プロダクション」と呼んでいる。その比率は後者の方が圧倒的に多く、鉱山生産全体の約7割を占める。鉱石に銀とともに混合している他の非鉄金属は主に銅、亜鉛、鉛の3つが挙げられる。

なお、米国の一部の大手精錬会社では鉱石1トン当たりに含まれる銀含有量によって、生産形態を以下のように分けている。この分類の仕方は一応の目処であって、絶対的な基準ではないが、銀生産の実態をうかがうことができる。

2) 銀鉱石からの生産

鉱石1トン当たりの銀含有量が300グラム以上である場合をいう。北米の銀鉱山にはこの形態が多く、銀鉱山の約7割がこの形態となった。また、世界全体では、2014年時点で31％前後がこの形態の生産となっている。

3) 副産物としての生産

(a) 共同生産

鉱石1トン当たりの銀含有量が100グラムから300グラム未満の場合をいう。つまり、銀と非鉄金属との生産割合や価格総額が比較的拮抗しているような鉱山を指す。銅、鉛、亜鉛などの非鉄金属と一緒に産出されることが多いとされている。また、金鉱脈に銀が含まれることもある。

(b) 随伴生産

鉱石1トン当たりの銀含有量が100グラム未満の場合をいう。この場合は、その鉱山の主たる産品が非鉄金属であり、生産計画は非鉄金属価格の動向によって左右される。つまり、銀価格の動向には影響されず、銀価格が上昇しても生産高が減少する場合があり、またその逆もある。

なお、全鉱山に占める共同生産と随伴生産の比率は、ほぼ同程度となっている。

② 二次供給

一度使用された銀が回収され、再生処理されて、再び市場に戻ってきたものを指す。

〈銀〉

図表18　世界の銀国別生産高

単位：トン

	2005	2006	2007	2008	2009	2010	2011	2012	2013	2014
〈欧州〉										
ロシア	1,011	974	911	1,132	1,313	1,145	1,197	1,384	1,428	1,334
ポーランド	1,260	1,260	1,232	1,213	1,219	1,169	1,269	1,285	1,169	1,263
スウェーデン	283	267	292	261	271	286	283	305	336	395
トルコ	162	187	233	314	389	383	289	227	187	205
ポルトガル	25	19	28	40	22	22	31	34	44	53
スペイン	6	3	3	3	3	22	34	37	40	40
その他国々	65	81	64	61	59	55	62	71	68	65
小　計	2,812	2,787	2,768	3,026	3,278	3,089	3,169	3,344	3,281	3,359
〈北米〉										
メキシコ	2,896	2,970	3,135	3,238	3,555	4,410	4,777	5,359	5,823	6,000
米国	1,219	1,141	1,260	1,120	1,250	1,281	1,120	1,061	1,039	1,169
カナダ	1,064	970	830	669	610	572	582	663	647	482
小　計	5,179	5,079	5,225	5,026	5,412	6,264	6,479	7,082	7,508	7,655
〈中南米〉										
ペルー	3,194	3,471	3,502	3,686	3,922	3,639	3,418	3,480	3,717	3,779
チリ	1,378	1,602	1,938	1,403	1,300	1,275	1,272	1,151	1,219	1,574
ボリビア	398	473	526	1,114	1,325	1,275	1,213	1,235	1,281	1,344
アルゼンチン	190	215	255	336	560	725	709	762	774	905
その他国々	95	145	182	201	251	330	408	345	479	1,120
小　計	5,260	5,903	6,404	6,743	7,359	7,244	7,020	6,977	7,474	8,728
〈アジア〉										
中国	2,103	2,361	2,467	2,613	2,697	2,942	3,191	3,474	3,596	3,568
カザフスタン	812	796	709	628	613	547	547	544	610	544
インド	103	184	177	212	193	255	233	280	333	261
インドネシア	308	246	267	249	239	208	190	165	255	239
イラン	90	100	90	100	106	112	112	109	96	100
その他国々	257	272	272	232	263	295	330	360	411	425
小　計	3,676	3,956	3,984	4,034	4,112	4,361	4,600	4,930	5,303	5,132
〈アフリカ〉										
モロッコ	246	236	215	243	277	308	249	233	255	277
南アフリカ	87	93	87	84	90	93	93	90	87	87
エリトリア	0	0	0	0	0	0	3	22	25	47
その他国々	117	135	111	70	33	48	54	57	110	66
小　計	454	467	411	398	404	445	401	407	479	479
〈オセアニア〉										
オーストラリア	2,407	1,729	1,879	1,925	1,630	1,879	1,726	1,726	1,841	1,848
パプアニューギニア	68	50	44	50	68	65	93	81	90	87
ニュージーランド	47	34	19	31	16	12	9	6	6	6
小　計	2,522	1,816	1,941	2,009	1,711	1,960	1,826	1,813	1,938	1,941
世界合計	19,902	20,008	20,735	21,235	22,279	23,364	23,493	24,551	25,981	27,293

資料：シルバー・インスティテュート「ワールド・シルバー・サーベイ2015」に基づき筆者作成。

銀は貴金属の中では最も需給規模が大きく、回収システムが発達している。2014年の実績は5,242トンで、供給全体に占める二次供給のシェアは過去5年間の平均で20.8%にも達する。国別では米国が1,252トン、中国が830トン、日本が609トン、ドイツが446トンで、この4カ国で世界全体の59.8%を占めたが、2011年以降の価格急落により、3年連続で回収量が著しく下落しており、2014年は前年比で12.5%も減少している。

　業種別でみると、以前は写真フィルム産業からの回収が多かったが、写真部門の縮小とともに減少傾向にある。これに代わって増加しているのが工業用品からの回収であり、欧米では環境問題への取組が活発になり、回収率が上がっている。また、2000年代半ばからは電化製品からの回収が増加、2010年にはエチレンオキシド触媒からの回収が増加している。ただ、2014年は銀価格の低下から、米国を中心に電化製品からの回収が減少している。

③　公的売却

　金の公的売却とはやや異なり、各国政府による政府保有在庫の放出を指す。冷戦構造の崩壊以降、軍需用備蓄の必要性が低下したため、その取り崩しを進める傾向がある。また1999〜2006年は中国人民銀行がそれまで買い取っていた国内の余剰分の売却を始めて増加した。

　「ワールド・シルバー・サーベイ2015」によると、2014年の政府売却はなかったとみられる。

④　ヘッジ

　金と同様に、鉱山会社はヘッジ目的で銀のフォワード・セールを行ったり、鉱山運営資金の調達手段としてシルバー・ローンを活用する。統計上は、これらをまとめて「ヘッジ」項目に計上される。その際、金の需給統計での扱いと同じく、フォワード・セールとシルバー・ローンによる売却量の合計が、フォワード・セールの現物決済量とシルバー・ローンの返済量の合計を上回れば、そのネットの量が供給項目に計上され、下回れば需要項目に計上される。2012年は需要項目に1,464トン、2013年も同じく需要項目に1,102トンが計上されたのに対し、2014年は492トンが供給項目に計上された。

　ただ、金に比べると銀のフォワード・セールやシルバー・ローンの活用はあまり活発ではない。これは、生産のほとんどがバイ・プロダクションによ

〈銀〉

るという性質のためである。金の場合、ほとんどの生産者がヘッジを行うが、銀の場合はヘッジを実施する業者の数は非常に限られている。

（2） 需要（用途）

銀の需要項目は、工業部門、写真感光材料としての写真フィルム産業部門、宝飾品・銀製品部門、貨幣部門の4つに分けられる。

① 工業用需要

銀は貴金属の中で最も融点が低いことから、加工性に優れている。また、熱を通しやすく、電気伝導率が高いことも大きな特徴である。こうした特性が活かされて、銀はエレクトロニクス産業や電池・化学触媒、メッキ、銀ろう（はんだ）、展伸材といった幅広い分野で使用される。

こうしたエレクトロニクス産業をはじめとした工業用需要（写真需要を含む）は、2014年実績で1万8,504トンとなり、総需要に占める割合は55.7%である。2005年は1万9,877トンであり、過去9年間で6.9%減少した。主要消費国別では、2014年に米国が3,902トン、中国が5,788トン、日本が2,257トン、インドが1,470トンと、この4カ国で世界全体の72.5%を占めている（図表19参照）。

近年では触媒や生化学、エレクトロニクス部門で銀需要が増加する可能性が指摘された。銀には優れた殺菌・消臭作用があり、衣料などに使われ始めた。エレクトロニクス部門ではメッキなどに金が使用されているが、コスト面で有利な銀や非鉄が代替物の候補となっている。各部門での技術開発の行方が今後の銀の工業用需要を左右するとみられている。

一方、太陽電池の生産量が2000年代後半に急増し、銀の需要増加につながった。固定価格買取制度で電力買取価格を保証する国が増加し、太陽光発電の普及が進んだことが主因であり、銀の有望な需要先としてみられている。ただ、銀価格が上昇すれば、太陽電池のコスト増加につながるため、銅やニッケルに代替が進む可能性もあり、先行き不透明感も残っている。

② 写真フィルム産業

この部門における世界全体の銀需要は、1999年の7,087トンをピークに減少に転じ、2014年は1,419トンとなった。デジタルカメラの普及によって写

図表19　世界の銀国別工業用需要（写真産業を含む）　　　　　　　　　　　　　　　　単位：トン

	2005	2006	2007	2008	2009	2010	2011	2012	2013	2014
〈欧州〉										
ドイツ	744	794	851	856	630	824	791	674	664	652
ロシア	645	674	689	681	582	630	602	593	599	565
英国	1,273	960	740	686	550	596	643	591	557	546
ベルギー	828	908	864	757	604	546	444	410	369	353
イタリア	338	340	352	350	281	307	287	267	261	260
フランス	317	322	334	336	232	274	248	223	218	211
チェコ共和国	51	67	76	83	64	76	82	88	93	97
スイス	81	77	77	76	69	75	74	71	70	72
トルコ	47	48	50	51	42	44	46	45	46	48
オランダ	49	49	49	49	40	47	46	45	44	45
スペイン	60	58	59	58	53	55	45	38	35	36
その他国々	107	98	96	96	78	88	85	84	84	84
小計	4,540	4,395	4,237	4,079	3,225	3,562	3,393	3,129	3,040	2,969
〈北米〉										
米国	4,887	4,765	4,636	4,649	3,868	4,702	4,293	4,126	3,963	3,902
メキシコ	101	95	102	97	97	148	187	206	202	208
カナダ	31	53	83	75	40	60	59	56	59	56
小計	5,019	4,913	4,821	4,821	4,005	4,910	4,539	4,388	4,224	4,166
〈中南米〉										
ブラジル	182	91	169	161	142	177	168	165	141	133
アルゼンチン	68	48	42	31	24	28	28	27	27	25
コロンビア	5	5	5	5	4	5	4	4	9	19
その他国々	14	14	14	14	13	14	13	13	13	13
小計	269	158	230	211	183	224	213	209	190	190
〈アジア〉										
中国	3,195	3,455	3,972	4,525	4,251	4,876	5,104	5,145	5,590	5,788
日本	3,795	4,034	3,844	3,201	2,068	2,961	2,737	2,330	2,362	2,257
インド	1,433	1,384	1,462	1,485	1,431	1,576	1,676	1,553	1,468	1,470
韓国	647	694	750	806	612	762	761	742	705	652
台湾	367	423	518	518	382	470	492	445	453	471
香港	193	208	222	213	171	199	199	193	180	152
その他国々	240	272	267	308	368	348	248	201	208	215
小計	9,870	10,470	11,035	11,056	9,283	11,192	11,217	10,609	10,966	11,005
〈アフリカ〉										
モロッコ	8	9	9	8	7	8	8	8	8	8
南アフリカ	4	4	4	4	4	4	4	4	4	4
その他国々	9	10	10	11	9	11	9	9	9	9
小計	21	23	23	23	20	23	21	21	21	21
〈オセアニア〉										
オーストラリア	155	159	160	158	144	154	158	157	155	154
小計	155	159	160	158	144	154	158	157	155	154
世界合計	19,877	20,116	20,505	20,345	16,863	20,064	19,542	18,514	18,596	18,504

資料：シルバー・インスティテュート「ワールド・シルバー・サーベイ2015」

図表20　世界の銀国別写真産業用需要

単位：トン

	2005	2006	2007	2008	2009	2010	2011	2012	2013	2014
米　　　国	1,753	1,442	1,071	875	728	630	556	521	498	476
ベルギー	800	880	836	730	580	520	416	382	347	331
日　　　本	1,180	1,251	1,080	908	610	465	410	303	295	290
英　　　国	888	572	368	308	268	280	292	260	229	207
中　　　国	167	157	143	115	95	81	74	69	60	56
ロシア	80	76	64	56	47	42	38	37	36	34
ブラジル	43	0	45	40	32	45	37	35	14	10
インド	10	10	10	10	10	10	10	10	10	10
チェコ共和国	6	6	5	4	4	3	3	3	2	2
オーストラリア	4	4	4	3	3	3	2	2	2	2
その他国々	54	25	12	4	0	0	0	0	0	0
世 界 合 計	4,987	4,423	3,638	3,054	2,377	2,078	1,839	1,621	1,493	1,419

資料：シルバー・インスティテュート「ワールド・シルバー・サーベイ2015」

真フィルム産業の銀需要が減少したことが主因である。

　デジタルカメラの販売は1998年以降に急増し、2003年に4,000万台を超えると、2005年には8,000万台、2007年には1億台に達した。金融危機の影響で2009年に一時減少したが、2010年は1億2,176万台に急増した。その後は減少し、2014年のデジタルカメラの出荷台数は前年比31％減の4,343万台と、2010年の約3分の1となっている。この原因には、スマートフォンの普及が大きく関わっている。主要消費国は、日本と米国の2カ国であり、2014年は日本が290トン（世界全体の20.4％）、米国が476トン（同33.5％）となっている。

　③　宝飾品・銀製品

　日本ではシルバー・ジュエリーは、金や白金ほどの人気はないが、欧米やインドなどでは人気が強く、この部門における世界の銀消費量の大半を占める。

　この部門における世界の需要合計は、2014年実績で8,580トンとなり、総需要の25.8％を占める。国別では、2006年以降、首位を明け渡していたインドが首位を奪回し、3,058トン（この部門のシェア35.6％）となった。モディ政権誕生で、株価がバブル的な上昇をみせたことも支援材料となったようである。2014年の中国の需要は1,642トンとなっており、中国の後には、イタリアの614トン、タイの611トンが続いている。

図表21　世界の銀国別宝飾・銀器用需要

単位：トン

	2005	2006	2007	2008	2009	2010	2011	2012	2013	2014
〈欧州〉										
イタリア	1,230	1,101	1,006	875	806	802	599	540	559	614
ロシア	138	144	205	241	263	291	240	228	225	223
トルコ	258	224	194	207	175	153	134	139	162	192
ドイツ	213	210	203	193	166	169	159	147	134	131
フランス	55	57	59	57	59	64	73	67	56	54
スペイン	61	52	44	41	41	37	37	32	29	30
ギリシャ	82	77	70	68	56	46	36	28	24	25
ポーランド	62	55	62	62	49	41	24	19	20	19
その他国々	213	204	168	159	140	141	127	117	109	113
小　計	2,311	2,123	2,008	1,904	1,754	1,744	1,429	1,317	1,318	1,401
〈北米〉										
米国	487	465	442	404	362	400	370	342	381	419
メキシコ	511	434	423	404	355	344	450	428	281	261
カナダ	44	36	34	30	28	28	27	26	26	23
小　計	1,042	935	899	838	745	772	847	797	688	703
〈中南米〉										
ブラジル	50	54	54	54	57	64	50	50	94	82
ペルー	16	19	18	19	22	23	19	19	27	24
その他国々	53	57	57	60	56	56	49	49	58	55
小　計	144	157	157	173	195	202	161	163	236	215
〈アジア〉										
インド	1,333	874	1,065	1,082	1,164	1,233	1,194	1,196	2,248	3,058
中国	1,054	1,206	1,348	1,392	1,457	1,681	1,952	2,029	2,266	1,642
タイ	1,145	1,146	1,136	1,037	946	947	798	662	692	611
インドネシア	140	158	151	149	150	168	190	207	215	206
韓国	147	149	153	149	150	167	179	183	186	167
日本	64	61	65	62	65	70	69	72	75	70
ベトナム	32	35	37	39	40	45	49	50	49	52
イスラエル	59	61	59	55	46	32	32	29	34	37
イラン	50	49	49	48	44	43	40	37	37	34
バングラデシュ	46	45	45	46	45	43	41	40	28	30
サウジアラビア	20	21	22	22	23	24	26	28	28	27
その他国々	256	253	256	256	252	256	255	257	238	233
小　計	4,347	4,058	4,387	4,339	4,382	4,720	4,825	4,792	6,095	6,167
〈アフリカ〉										
エジプト	52	48	50	46	42	39	17	24	27	29
モロッコ	11	11	11	11	9	10	10	10	10	10
チュニジア	10	9	10	10	10	10	9	9	10	10
その他国々	18	17	18	18	17	17	16	17	17	18
小　計	91	86	89	86	78	75	53	60	64	67
〈オセアニア〉										
オーストラリア	22	21	21	20	20	22	23	24	25	25
小　計	23	22	22	22	22	23	25	26	26	27
世界合計	7,959	7,381	7,562	7,361	7,175	7,537	7,339	7,154	8,427	8,580

資料：シルバー・インスティテュート「ワールド・シルバー・サーベイ2015」

④　コイン・バー部門

　記念銀貨、流通銀貨の鋳造用の需要を指す。この部門における世界全体の銀需要は1965年に1万1,978トンでピークとなった後、前述した「ハント兄弟の銀買い占め事件」などで銀価格が高騰した後の1981年には295.5トンまで急減した。その後は需要回復、1990年代後半の需要伸び悩みを経験し、2000年代に入ると投資意欲の高まりとともに増加し、2007年の1,594トンから2013年には7,577トンに急増し、2014年は6,095トンとなっている。

　主要消費国は米国で、2002年以降のイーグル・コインの販売増加、2000年代後半の投資需要の高まりを受けて2014年に1,417トンと、世界全体のシェアの23.2％を占めた。次いで、カナダが953トン、オーストラリアが245トン、インドが195トン、中国が185トンとなっている。

⑤　投資需要・退蔵放出

　銀の需給統計において、投資需要・退蔵放出とは需給格差を指す。ただ、近年では従来の現物投資に代わって、先物やオプション取引、その他のデリバティブ（派生商品）取引の発達により、「投資」という表現は銀にとっていくぶん不適切になってきた面もある。

　2000年までは鉱山生産や二次供給が伸び悩む中で、写真フィルム産業やその他の工業用、宝飾・銀製品の各部門の需要が順調に伸びたため、退蔵放出が続いた。2001年に米同時多発テロを受けて121トンの投資需要が計上されたのち、2002年に再び退蔵放出となったが、2003年以降は投資需要が急増した。2006年にはアメリカン証券取引所（現：NYSE MKT LLC）に銀ETF（上場投資信託、図表14参照）が上場され、その後はETFが保有する在庫の増加が目立った。

　2010年の純投資需要（コイン・バー＋ETF在庫）は8,485トンと総需要3万6,086トンのうち、23.5％を占めた。なお、2014年は総需要の3万3,222トンに対し、総投資需要は6,138トンで18.5％となった。銀価格の下落により、ETF在庫が減少したことが大きな要因となった。

（3）在　　　庫

　銀在庫は主に政府保有在庫、取引所やディーラー在庫、民間退蔵、メー

カーの在庫と4つのカテゴリーに分けることができる。

① 政府保有在庫

「ワールド・シルバー・サーベイ2015」によると、2014年は、政府保有在庫の売却はほとんどなかったとみられる。在庫は前年と変わらず2,432トンのままとなっている。

中国では1990年代に中国人民銀行が鉱山生産の余剰分を買い取ったが、十分な在庫を保有したことから1998年以降、在庫を売却し始め、銀市場で関心を集めた。売却は在庫が減少する2006年まで続いた。2006年以降は、政府部門ではロシアの売却が目立ったが、ロシアの売却も2014年はなかったとみられる。

② 取引所・ディーラー在庫

銀の需給がひっ迫するときは、この部門からの在庫取り崩しによって補われている。ニューヨーク・マーカンタイル取引所（NYMEX）や東京商品取引所は定期的に在庫数値を公表している。また、銀ETF（上場投資信託）の現物保有高は管理会社によって公表されている。一方、ブリオン・バンクやディーラーの在庫は明らかにされることはない。

1990年代にニューヨーク商品取引所（COMEX）からの在庫放出によって供給ひっ迫を補った。2000年代は大きな変化はなく、2006年頃から、株式市場で取引される銀ETFの登場により、ETFが保有する在庫が急増した。シルバー・インスティテュート（SI）によると、2014年末の世界の銀ETFの現物保有高は1万9,677トンとなっている。

③ 民間退蔵、メーカー在庫

このほか、個人や機関投資家などが保有する銀を民間退蔵、写真フィルムや電子機器、宝飾品などのメーカーが原料在庫として保有する銀をメーカー在庫として分類する。こうした在庫は特別なケースを除き公表されることはないが、1998年2月には、米国の著名投資家ウォーレン・バフェット氏が4,000トンを超える銀を購入したことを明らかにし、銀急騰の一因となったこともある。2000年代は価格が上昇傾向になる中、民間退蔵が進んだ。シルバー・インスティテュート（SI）によると、2014年は退蔵用需要が前年比で31％減の2,749トンと大きく落ち込んでいる。そのような中、インドは同

4％増の1,953トンとなっている。一方、中国は同52％減の193トンと大きく落ち込んでいる。欧州、米国の買い付けの減少も目立っている。なお、これらの2014年の急減の理由としては、2013年に需要が急増した反動の側面が強いとみられている。

5．世界の銀市場

　世界の銀市場は、現物（スポット）市場と先物市場に大別され、前者の中心はロコ・ロンドンおよびロンドン市場、後者の中心はニューヨーク・マーカンタイル取引所（NYMEX）、および東京商品取引所である。

（1）　ニューヨーク・マーカンタイル取引所

　世界の銀市場をリードする市場で、取引も非常に活発に行われている。特に投機資金の動きが活発で、他商品の動きや物価動向などにも敏感に反応する。
　取引単位は5,000トロイオンス（約150キログラム）、呼値の単位は1トロイオンス当たり0.1セントで、市場構成は金とほぼ同じとなる。2011年の年間出来高は1,960万8,557枚と過去最高の出来高となったが、その後、銀価格の下落を受けて出来高は減少し、2014年の年間出来高は1,363万1,391枚となっている。

（2）　ロコ・ロンドン

　金と同様に、1987年12月にイングランド銀行（英中央銀行）の監督下に入った。その他の取引形態も金とほぼ同じで、相対による取引が原則的に週末を除いて24時間行われる。

（3）　ロンドン市場

　前述した金と同じくフィキシングは廃止され、現在、銀はCME（Chicago Mercantile Exchange）とThompson Reutersの共同運営によるシステムで値決めを行っている。その仕組は金と同様になっている。参加者

はHSBC、JPモルガン、三井プレシャスメタルズ、スコーシアモカッタの4社となっている。

（4）東京商品取引所

　東京商品取引所（旧東京工業品取引所）では、金上場の約2年後、1984年1月に白金と同時に銀の取引が開始された。それ以来、金や白金市場が世界の中心市場として急成長した反面、銀の取引は伸び悩んでいるのが現状である。年間出来高は1998年の167万9,647枚をピークとして、2014年に8万5,963枚まで減少している。

（5）その他

　ドバイ金・商品取引所（DGCX）は2006年3月に中東初の銀先物取引を開始した。ただ金に比べると、出来高は伸び悩み、取引は低調となっている。一方、上海黄金交易所（SGE）では同年10月に銀現物を上場、2012年5月には上海期貨交易所（SHFE）で銀先物取引が開始され、中国での取引が拡大している。2014年の年間出来高は、前年比11.7％増の1億9,348万7,650枚となっている。

6．情報ソース

①　トムソン・ロイターGFMS

　信頼度の高い需給報告書としては、トムソン・ロイターGFMSが発表する「ワールド・シルバー・サーベイ」が注目されている。以前は、鉱山会社、精錬・加工業者、メーカーなどを会員にもつ銀関連業者組織であるシルバー・インスティテュート（SI、本部ワシントン）が発行していたが、1995年からはゴールド・フィールズ・ミネラル・サービシズ（GFMS）社に需給統計の作成を委託した。また、2011年にはトムソン・ロイター社がGFMSを買収し、「トムソン・ロイターGFMS」となった。毎年5月に前年度実績が発表されている。

② シルバー・インスティテュート（SI）

　米国のシルバー・インスティテュート（SI）は鉱山会社、精錬・加工業者、メーカーなどを会員にもつ銀関連業者組織で、ワシントンに本部を置いている。1995年からはゴールド・フィールズ・ミネラル・サービシズ（GFMS）社に需給統計の作成を委託している。毎年5月に前年度実績が発表されるが、当年度予想の発表はなく、翌年の発表になる。

7．取引要綱

東京銀（標準取引）

取引の種類	現物先物取引
標準品	純度99.99％以上の銀地金
売買仕法	システム売買による個別競争売買（複数約定）
限月	新甫発会日の属する月の翌月から起算した12か月以内の各偶数月（6限月制）
新甫発会日	当月限納会日と同日とし、日中立会終了後の夜間立会から
当月限納会日	受渡日から起算して4営業日前に当たる日（日中立会まで）
受渡日時	毎偶数月末日の正午まで （12月の受渡日は28日の正午まで。受渡日が休業日または大納会に当たるときは順次繰り上げ）
受渡供用品	標準品と同等であって、取引所が指定する商標等の刻印のあるもの。 受渡品の供用量目の許容限度増減は6％以内
受渡場所	取引所の指定倉庫（東京都所在の営業倉庫）
受渡方法	渡方は受渡品に関わる取引所指定倉庫発行の倉荷証券を、 受方は受渡値段による受渡代金をそれぞれ当社に提出して行う。
立会時間	日中立会：午前9時00分～午後3時15分 夜間立会：午後4時30分～翌日午前4時00分
取引単位	10キログラム（1枚）
受渡単位	30キログラム（1枚） ＊受渡単位1枚は取引単位3枚分に相当
呼値とその値段	1グラム当たり10銭刻み
CB幅	夜間立会開始時に前計算区域の帳入値段（新甫発会の場合は隣接限月の帳入値段）
証拠金	㈱日本商品清算機構が証拠金額計算の基礎となる値（変数）を決定
建玉数量の制限 （委託者）	売または買のそれぞれにつき次の数量 一般委託者 当月限　1,500枚 合計　6,000枚 当業者、投資信託等およびマーケット・メーカーの委託者 当月限　3,000枚 合計　30,000枚

注：2015年12月末現在。その後の変更については、各商品取引所の通知を参照されたい。

ニューヨーク銀

取引所	ニューヨーク・マーカンタイル取引所（NYMEX）
取引方法	CMEグローベックス、CMEクリアポート、オープン・アウト・クライ（NY）
取引時間	CMEグローベックス CMEクリアポート	米東部標準時間午後6時00分～午後5時15分（日～金） （午後5時15分から45分休止）
	オープン・アウト・クライ	米東部標準時間午前8時25分～午後1時25分（月～金）
売買単位	1枚5,000トロイオンス
呼値と単位	1トロイオンス当たり0.1ドル
納会日	受渡月の最終営業日から3営業日前
限　月	23か月以内の1、3、5、9月の各月と60か月以内の7、12月の各月、および当月を含む直近の3か月
受渡日	第1営業日から最終営業日まで

注：2015年12月末現在。

白　金

1. 白金の歴史

（1） 白金の発見

　白金の発見は、古代エジプトにおいて、ナイル川流域の川床から砂金状の白金砂が発見されたのが最初といわれている。現存する世界最古の白金加工品は、古代エジプト第25王朝の女性高位神官シェペヌペット一世（紀元前700年頃）の墳墓から出土した「テーベの小箱」である。ただ、当時のエジプト人が、融点の高い白金を溶解する技術をもたなかったことは確かであり、彼らが銀と区別できたかどうかは疑問である。

　南米のエクアドルでは、コロンブスのアメリカ発見（1492年）以前に作られた金、銀、銅、白金の合金製の装飾品が見つかった。しかし、古代エジプト人と同様に、当時の南米インディオが白金をどの程度認識していたかは不明である。

　スペインの海軍将校ドン・アントニオ・デ・ウローラは1735年、コロンビアのニューグラナダ地方を流れるピント川で、銀に似た白色の金属を発見し、「プラチナ・デル・ピント（ピント川の小さな銀）」と命名した。これがプラチナ（platinum）と名付けられた所以となっている。

　学術的な白金元素の発見は、英国の科学者ウィリアム・ブラウンリッジとチャールズ・ウッドとが1741年、ジャマイカから白金を持ち帰り、その研究成果を1751年に英国王室協会に報告した時といわれている。

（2） 大鉱脈の発見

　1817年、ロシアのウラル地方で白金が発見され、1825年には白金系貴金属（PGM：Platinum Group Metals）の大鉱脈が発見された。以後、第一次世

界大戦がぼっ発した1914年にロシアが白金の輸出を停止するまで、ロシアは世界最大の白金生産・供給国であった。この結果、英国のジョンソン・マッセイ社（JM）を中心とする欧州の白金・メーカーは、ロシア以外の白金鉱脈を求めて、世界各地を飛び回った。そして1925年、ドイツ系地質学者ハース・メレンスキー博士は、南アフリカ共和国（南ア）のトランスバール地方で世界最大の白金鉱脈、メレンスキー・リーフを発見した。以後、南アはロシア（旧ソ連）を抜いて世界最大の白金供給国となり、現在に至っている。

2．白金の商品特性

　白金の元素記号はPt、原子番号は78である。他の5つの兄弟元素（パラジウム、ロジウム、イリジウム、ルテニウム、オスミウム）と相ともなって産出されるので、これらを総称して白金族元素と呼ぶ。
　また、白金は金、銀とともに貴金属と呼ばれているが、その希少性から定義すれば、レアメタルとして分類される。金属としては一般に、前述のパラジウム、ロジウム、イリジウム、ルテニウム、オスミウムとともに、白金系貴金属として分類される。
　白金の物質的、科学的特性は次のとおりである。

（1）物質的特性

①固定化され、安定した金属であり、過熱鍛造でより強固になる。
②空気中・水中において、酸化（腐蝕）しない。
③酸・アルカリにも反応しない。
④比重が21.37と高い（重い）。
⑤融点が1,770℃と高い（溶解しにくい）。

（2）科学的特性

①王水（濃塩酸と濃硝酸の混合液）と熱アルカリ液に溶ける。
②王水を用いた溶液に塩化アンモニウムを加えると沈殿する。
③沈殿した溶液は、過熱すると再び金属に戻る。

④ひ素を加えると、比較的低温で溶解する。
⑤触媒作用がある。
⑥塩素と水素に触れると電気を発生させる。

　こうした物質的、科学的な特性の中でも特に、その優れた触媒作用や高い融点、化学的な安定性などから、主に産業用として使用される。現在実用化されている分野は、電子、ガラス、繊維、化学、宇宙産業、石油化学、自動車、エネルギー、歯科・医療など多岐にわたり、あらゆる工業の極めて重要な箇所に使用されて非常に大きな効果を上げている。また、宝飾品用の需要が占める割合も大きいものになっている。
　このような幅広い用途を耐蝕材料、触媒、電気工業、耐熱性利用、装身具の5つに分類し、次に説明する。

（3）　特性に基づく用途

①　耐蝕材料

　白金利用の初期時代においては、耐蝕材料としての利用が最大の用途であった。硫酸蒸発用の蒸発皿を作ったり、金の試金に使用する分金用具製造用に使用された。また、分析室では白金るつぼや電極を作り、微量分析用各種器具に使用された。

②　触　　媒

　白金系貴金属（PGM）は触媒として特に優れており、自動車・石油・化学など様々な部門で用いられている。触媒とは、自らは変化せず、他の物質の化学反応を進める物質である。自動車触媒は排ガスに含まれる一酸化炭素と炭化水素を酸化して炭酸ガスと水に、窒素酸化物を還元して窒素に変える。ただ排ガスの温度は1,000℃以上まで上昇するため、融点が高く、浄化作用が衰えずに使用でき、衝撃に耐えることも求められ、こうした条件を満たす金属はPGM以外にない。自動車触媒では白金とパラジウム、ロジウムを組み合わせて使用しているが、白金は還元作用が強く、ディーゼル車の自動車触媒に多く用いられている。ディーゼル車は、主にヨーロッパで使用されていることから、欧州景気の影響を受けやすい。また、ガソリン車に比べ割高なことから、インドや中国といったこれから自動車普及が進む国では、

〈白金〉

価格的に不利であり、パラジウムに比べ、需要が伸び悩んでいる。

新たな需要として、燃料電池向けの白金需要の増加が見込まれている。燃料電池は水素と酸素を反応させ、エネルギーと水を取り出すが、この反応を円滑に行うには触媒として白金が必要である。1965年にゼネラル・エレクトリック（GE）がジェミニ宇宙船に搭載した燃料電池では1キロワットの電気を得るのに2キログラムの白金が使われたが、技術開発によって1キロワット当たり1～2グラム程度となり、実用化に向けてさらに減少するとみられている。燃料電池は自動車だけではなく、定置型の発電用、モバイル製品用としても普及が見込まれており、今後の白金需要の焦点の1つとなっている。ただし、今後は低コスト化も意識されており、定置型ではこれまでの固体高分子型燃料電池（PEFC）より、白金が不要な固体酸化物型燃料電池（SOFC）が本命になるとみられている。また、次世代自動車としては、電気自動車もあり、充電気スタンドと水素スタンドのどちらのインフラが早く整うのかも、白金需要に大きな影響を及ぼす。

化学分野での白金の用途は、硝酸触媒としての用途である。これは硝酸アンモニウムを生産するための用途で、硝酸アンモニウムは農薬や鉱山開発用の爆薬として使用され、途上国での農薬の需要は常に増加傾向にある。

③　電気工業

航空機や通信機器用の高級な電気接点には白金系貴金属およびその合金が大量に使用される。2000年代はパソコンのハードディスク（HDD）の大容量化に伴ってHDD向けの需要が増加した。しかし、近年ではソリッド・ステート・ドライブ（SSD）の普及に伴い、HDD向けの需要が減少しつつある。

白金の電気抵抗と温度との関係が規則正しいことを利用して、精密な抵抗温度計に使われる。また、温度と起電力との関係が正しいことを利用して、高温度測定用に白金ロジウム系熱電対も大量に製造されている。

④　耐熱性利用

近年はガラス綿製造用のノズル、光学ガラス溶解用の白金るつぼなど、大型のものがある。また、液晶ディスプレー（LCD）用ガラスの需要もある。テレビ市場ではブラウン管から液晶への移行が進んでおり、需要堅調が

見込まれている。

　白金は熱に強く、強度があることから、ガラスの製造工程で使用する装置に用いられている。普通の耐火材料を使用したガラスでは、高純度、高性能のガラスはできない。

⑤　装身具

　白金を装身具に応用するようになったのは比較的新しいことで、米国では1905年以降のことである。美術工芸用に使用する白金は、純度が高いと柔らかすぎるので、品位を下げて使用するのが普通である。白金はダイヤモンドの美しさを一層際立たせ、あらゆる金属中で装身具用として最適だとされている。

　特に日本人は、その控え目な輝きから白金製の婚約指輪やイヤリングなどの嗜好が強い。一方、中国では急速な経済成長を経験する中、1990年代後半にホワイトメタルの人気が高まり、白金宝飾品の売上が急増し、2000年に日本の宝飾需要を追い抜いた。2014年は世界の宝飾需要の約65％を中国が占めている。

3．白金の価格変動要因

（1）　主な価格変動要因

　供給源や需要先の偏在が著しい白金価格は、そうした偏在する国々の政治・経済情勢や特定部門の需要動向によって大きく変動する傾向が強い。また供給量が少ないレアメタルであり、まとまった投資資金が流入すると、価格が変動しやすい面もある。

①　南アフリカ共和国（南ア）での政治・経済情勢

　アパルトヘイト政策放棄後、民主化路線を踏み出した南アであるが、同国の政治的な不安定さは白金価格の潜在的な変動要因となっていた。しかし、1998年に選定された「鉱物・鉱業政策」を基にした「鉱物・石油資源開発法」が2004年に施行されると鉱業制度が大幅に変更され、黒人による鉱山業の所有、経営への参加が促進されることになった。この法律の制定により、

南ア国内の鉱物の所有権が政府に移管され、各鉱山会社は試掘、採掘の許認可を受けて生産活動を行うこととなった。また、運用方法の指針となる鉱業憲章（Mining Charter）では、国内の鉱業資産を2014年までに黒人組織が26％を保有することなどが示された。2004年9月には南アのインパラ・プラチナム（インプラッツ）と英ロンミンがロンプラッツの一部株式を黒人主体の企業インクワラ・リソーシズに売却しており、鉱山業界における黒人組織の影響力が増し、白人資本の鉱山企業にとって大きな転換期になっている。

　2009年の黒人組織の保有率目標は15％だったが、南ア政府が発表した保有率は8.9％で目標を大きく下回っている（2010年は9％と微増）。しかし、南ア鉱業協会が2011年に会員企業に対して行った調査では28％となっており、政府統計とは大きな相違がみられる。この要因は、鉱業協会の統計はメジャーを含む会員会社（ほとんどが優良企業）のみが対象で、一方、政府統計は中小、零細を含むすべての企業を対象にしていることが挙げられる。

　黒人組織による鉱業資産の保有率改善の取組が進められているが、黒人の失業率が高いことには変わりがなく、貧困層への富の分配という問題は続いている。南アの失業率は2002年の30.4％をピークに低下傾向となり、2007年には22.2％まで低下したが、2009年以降は再び上昇し、2014年は25.1％に達している。

　各鉱山会社では例年7月〜8月に労使交渉が行われるが、交渉決裂から労働者がストライキに突入することも多く、労使間の対立は市場の供給不安心理をあおる一因となっている。2012年8月にはロンミンのマリカナ鉱山で、違法ストライキの労働者と警官が衝突したことから、発砲事件で多数の死者が出るなどし、市場に大きな影響を与えた。また、2007年10月には鉱山の落盤事故が起き、一時的に閉鎖された。さらに、電力不足で精錬所の稼働率が低下したこともあり、各種の災害・事故も相場を動かす要因となっている。

　経済成長による電力需要の増加で、2007年頃から電力不足が問題となり、2008年1月には鉱山会社の操業停止につながった。南ア電力公社エスコムは2011年4月、新たな発電所が稼働する2015年までは電力の需給ひっ迫が続くとの見通しを示した。さらに、着工の延期や2014年11月には、燃料となる石炭の貯蔵施設が大雨で水浸しになったため、全国規模の計画停電を実施し、

翌12月には停電がさらに拡大し、同国の経済の中心であるヨハネスブルクまでその影響は及んだ。電力不足は今後も続く見通しであり、供給不安の一因になっている。

② ロシアの売却

ロシアのPGM売却は国家管理下に置かれ、生産や在庫の数字は2005年半ばまで国家機密となっていた。そのため、JM統計におけるロシアの供給は各国の通関実績から推定された数字である。ロシアのPGM生産は同国最大の鉱山会社であるノリリスク・ニッケルが大部分を占めているが、ロシア東部にも少量ながら生産している鉱山会社がある。在庫を保有するのはロシア中央銀行、ロシア貴金属国家基金（ゴクラン）であり、法律上、西側諸国への売却を担当するのがロシア貴金属輸出公団「アルマズ」である。PGMが輸出されるには輸出割当と輸出ライセンスに加え、最終的に大統領の承認が必要であり、この制度が輸出遅延の一因となった。エリツィン元大統領時代の相次ぐ首相解任時（1998年3月〜1999年8月）には、輸出割当や輸出ライセンスの承認待ちなどで解任のたびに輸出が遅れるのではとの見方が台頭し、市場を混乱させる要因となったが、2000年5月のプーチン大統領就任によって政局が安定したことや、ノリリスク・ニッケルが1999年3月に10年間のパラジウム、2002年1月に5年間の白金・ロジウムの輸出割当を獲得したことからPGM市場は安定しつつある。

また、世界貿易機関（WTO）加盟に向けてPGM統計を公開する方向で協議が進められ、2005年3月にプーチン大統領が民間鉱山会社の生産、販売、在庫を公開する法案に署名した。これを受けてノリリスク・ニッケルは白金とパラジウムの生産量を明らかにした。2009年8月には財政赤字補てんのため、大統領令により、PGMなどの希少金属、宝石用原石などの輸出入令が改正され、ロシア中央銀行やその他金融機関、鉱山会社が、希少金属を輸出できるようになった。

主な売却手段としては、以前は日本をはじめとした輸入国との長期契約が全体の多くを占めたが、現在ではスポット契約中心となっている。長期契約の交渉は1995年まで毎年12月に行われていたが、それ以降は管理機構改変などに伴う混乱や、議会の予算承認の遅れ、輸出承認取得の障害によって年初

から輸出が停止されることが多くなった。1997年以降は毎年のようにロシアの輸出再開が遅れたため、商社は長期契約を敬遠し、スポット契約に切り替えた。

ロシアにとって貴金属は有効な外貨獲得手段であるため、価格が高い時にはスポット市場での売却がさらに多くなる。この売却によって需給ひっ迫感が薄れて急落する場面もみられたが、時が経つに従い、アルマズも小口でスポット売却を進めるようになった。WTO加盟を2012年8月に果たしたロシア財務省は貿易自由化の方針を受けてアルマズを実質的に廃止しているようである。

③ 主要消費国の景気動向

需要が先進国と中国に偏っているため、これらの国々の景気動向が白金需要を左右する。このため、需要動向そのものに限らず、その先行指標となる株価の動向にも敏感である。特に先進国における自動車生産動向は触媒需要の増減に直接影響を与える。また、2000年代に入り、BRICs（ブラジル、ロシア、インド、中国）など新興国経済が台頭し、需要が増加した。特に中国の経済成長が著しく、宝飾部門では2000年に日本を抜き、世界最大の白金宝飾品の需要国となった。自動車販売も増加しており、自動車触媒を中心とした工業用需要の行方も無視できない。

リーマンショック以降の景気後退を受け、世界各国で、自動車販売奨励策・買い替え促進策がとられ、自動車触媒需要の増加要因となった。しかし、欧州の債務危機が表面化すると、買い替え促進策の終了・緊縮政策による購買力低下により、自動車販売が減少し、触媒の需要も減少した。また、2011年の東日本大震災の影響で、サプライチェーンが寸断され、自動車生産が大幅に減少した時も、触媒の需要が減少した。その後も、ギリシャ債務問題等を背景に、白金を触媒として使うディーゼル車の需要が最も多い欧州経済が落ち込んでいることから、触媒の需要が伸び悩んでいる。

④ 為替要因

他の国際商品と同様に、円安は円建て価格の、ドル安はドル建て価格の支持要因となる。しかし、東京商品取引所が世界の白金先物市場を主導する場合もあり、円高／ドル安時に、東京での円建て価格の下落を先取りし、海外

のドル建て価格も下落することがある。

⑤ 排ガス規制と新型触媒開発

　日米で1970年代に排ガス規制が実施され、自動車触媒需要が増加し始めた。欧州では1980年代後半に一部諸国で排ガス規制が実施された。自動車触媒は白金、パラジウム、ロジウムを組み合わせる3元素触媒が使われるが、排ガス基準が強化されると、基本的にすべてのPGMの使用量を増加させる要因となる。また今後、注目されるのは排ガス規制の地域的な拡大である。中国では欧州の排ガス規制をモデルとし、2003年初めに北京で排ガス規制を導入し、2004年7月以降は全国に適用された。このように、各国の排ガス規制強化が自動車触媒需要の増加を促す見通しである。一方、2005年に入ってからの米国のガソリン高騰を受け、燃費の良いハイブリッド車の人気が高まった。これまで米国では大型ガソリン車が中心だったが、ディーゼル車の人気が米国で高まると欧州のように白金の自動車触媒需要が増加するかにみられたが、この数年の原油価格の下落と米国経済の回復を受けて、米国は再び大型ガソリン車の開発に力を注いでいる。

　GMなどのビッグスリーは2008年、販売急減を受けて経営難に陥った。2009年半ばにクライスラーとGMが相次いで連邦破産法の適用を申請し、米政府支援の下で再建した。一方、マツダは2009年4月、貴金属の使用量を70％削減した自動車用触媒「シングルナノ触媒」を開発したことを発表した。相場が目立って反応することはなかったが、技術開発が進むと、需要減少の一因となる。

⑥ 戦略物資

　2000年代は新興国の経済成長による国際商品に対する需要が増加したことから、資源ナショナリズムが台頭する一方で、各国が資源確保に動き出した。

　日本でも資源確保戦略がとられ、経済産業省は、「レアメタル・レアアース等の中でも一部鉱種については、中国や一部の国に極度に依存しており、調達が資源国や特定のサプライヤーを巡る状況や方針次第で、深刻な事態に直面する状況となっている。これらの状況から鉱物資源についても、安定的かつ安価な調達体制を構築することが必要である」としており、戦略備蓄と

して買い付けられると、強材料となる場合がある。

⑦ 投資資金の動向

　白金は金など、他の貴金属に比べて、供給量が少ないことから、まとまった投資資金が流入すると、価格を変動させる要因になりやすい。投資資金の動向はPGM市場で常に警戒される要因である。

　2007年以降は白金ETF（上場投資信託）の登場により、株式市場で取引できるようになり、投資資金の影響を受けやすくなった。短期的には納会までの時間が短く、先物市場の影響が出やすい。米商品先物取引委員会（CFTC）建玉明細報告では、毎週火曜日時点のニューヨーク白金の取組内容が発表されており、大口投機家の建玉が確認できる。

図表22　大口投機家の取組＝CFTC・NY白金

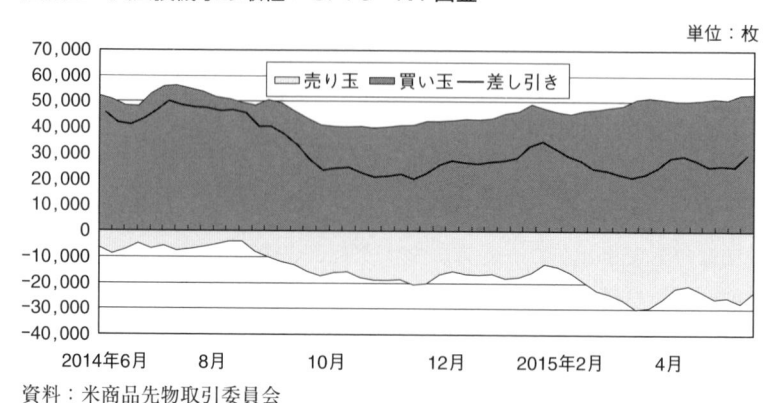

資料：米商品先物取引委員会

4．白金の需給と在庫

(1) 供　　給

① 供給の特徴

　白金供給の特徴としては、供給規模が小さいこと、供給ソースが偏在していること、二次供給（回収・再生分）の比率が小さいこと、の3点が挙げら

まず、供給規模については、トムソン・ロイターGFMSが発表した「プラチナ＆パラジウム・サーベイ2015」によると、2014年実績（二次供給を除く）は146.1トンとなった。金の鉱山生産が3,133トン、銀が２万7,293トンであることと比較すると、その供給規模が桁違いに小さいことが分かる。

　また、国・地域別にみると、南アが95.2トン、ロシアが22.3トン、北米およびその他の地域が28.6トンとなる。1990年代後半にロシアからの供給がかなり不安定となったが、南アとロシアが世界全体の供給の80.4％を占めている。2000年代はジンバブエの生産も増加したが、白金の供給ソースが、政治・経済的に不安定な数カ国に偏在していることは、白金の価格変動の激しさの一因となっている。

　白金における二次供給（回収合計）は2014年実績で48.9トンとなった。総供給に占める二次供給の比率は、金が25.8％、銀が15.7％であるのに対し、白金は25.0％となっている。2000年代前半は、回収ルートが未整備であることや、回収・精錬コストが高いことがネックとなり、2002年の比率は白金が9.0％と低かったが、2000年代後半に自動車の買い替えや宝飾品の回収が進んだことを受け、比率が上昇した。二次供給は価格の上昇、下落に対する緩衝材の役割を果たすが、自動車触媒の回収は価格よりも買い替えや廃車のペースに左右されるため、白金はこの機能が働きにくい面もある。

　白金の二次供給は金、銀と異なり、同一需要分野で使用される傾向が強かったが、回収ルートが整備されると、再精錬され、市場に戻るようになった。

② 鉱山生産

　鉱山生産は南アのブッシュベルト鉱区、ロシアのノリリスク・ニッケル鉱山での白金生産が８割以上を占めている。南アの鉱山会社は需要増加を見込んで新規プラントの建設など設備投資を続けており、鉱山生産は増加傾向にある。一方、ロシアのPGM生産は長年、国家機密とされ、ジョンソン・マッセイ（JM）社が通関実績などから売却量を推定していた。ただ、ロシアは世界貿易機関（WTO）加盟に向けて自由化を進め、2005年３月にプーチン大統領が民間鉱山会社の生産・販売・在庫を公開する法案に署名し、

2006年に入ってからはロシアの鉱山会社ノリリスク・ニッケルが生産高を公開した。

北米でのPGM生産は、一部鉱山で高品位鉱区の枯渇が伝えられ、2000年代後半に減少した。しかし、価格上昇を背景に再び操業する鉱山が出たことから、2011年には生産が回復している。一方、白金の埋蔵量が世界第2位であるジンバブエのグレートダイクは、2000年代後半に生産が増加したが、同国政府が外国企業の利権を現地化しようと動いていることから、依然として、2010年代も不安定な状況が続いている。

1) 産出形態

白金の鉱山生産は、バイ・プロダクション（副産物）生産、PGM鉱石生産、純白金生産の3つに分けられる。

バイ・プロダクション生産は、火成岩脈中の磁硫鉄鉱から、銅、ニッケル、クロムなどの副産物として産出される形態である。南アを除く、世界の主要鉱山の大部分はこの形態をとっている。特にニッケルの副産物として生産される場合が多く、カナダやロシアでは、ニッケルと白金の生産量が相関関係にある。

PGM生産は、PGM鉱脈から産出される形態である。南ア・ブッシュベルト、米スティルウォーター、ジンバブエのグレートダイクでみられ、その埋蔵量は膨大である。ロシアのノリリスク鉱山の場合は、白金とパラジウムの組成比率が1対3とパラジウム比率が際立って高いのが特徴だが、PGM含有率そのものが低いため、ニッケル等のバイ・プロダクション生産と見なされる。

純白金生産とは、水成岩から天然白金の形で産出され、砂金と同様な砂状白金の生産形態である。コロンビアのチョコ地区や、ロシアのウラル地区の一部がこの形態に当たるが、埋蔵量は極めて少ない。

2) 南アフリカ共和国

南アフリカ共和国（南ア）は2014年現在、世界の白金供給（二次供給含む）の65.2%を占める世界一の白金生産国である。ドイツの地質学者ハース・メレンスキー博士が1924年に発見したメレンスキーリーフ（ブッシュベルト鉱区西部の鉱床）で採掘が始まり、1970年代にはメレンスキーリーフの

図表23　世界白金需給

単位：トン

	2005	2006	2007	2008	2009	2010	2011	2012	2013	2014
供　給										
南アフリカ	157.2	169.4	157.9	145.4	143.2	147.7	147.3	130.3	133.3	95.2
ロシア	29.9	29.5	28.5	25.8	24.7	24.4	25.4	25.0	23.8	22.3
カナダ	7.2	7.1	6.4	7.1	5.3	4.0	8.4	6.9	6.8	7.7
米　国	3.9	4.3	3.7	3.6	3.8	3.5	3.7	3.7	3.7	3.7
ジンバブエ	5.0	5.2	5.3	5.6	7.1	8.9	10.6	10.4	12.7	12.4
その他	2.8	3.0	3.0	4.0	4.1	3.9	3.6	4.3	4.9	4.8
供給合計	206	218.5	204.8	191.5	188.1	192.3	199.1	180.5	185.1	146.1
需　要										
用途別										
自動車触媒	115.5	121.2	125.5	109.5	78.0	91.3	94.9	90.6	90.1	93.4
化　学	10.4	10.0	11.5	10.6	8.8	15.0	15.2	12.5	13.4	18.3
ガラス	15.7	14.0	13.4	15.8	2.8	15.7	10.5	10.1	2.6	-1.0
電　気	11.4	12.6	12.3	9.1	7.9	7.8	7.0	6.1	5.3	5.1
投　資	0.7	-0.7	0.7	14.1	9.8	3.0	9.7	8.8	4.4	4.3
宝飾品	72.7	68.7	64.1	57.4	83.3	68.5	74.3	80.8	82.7	79.9
石　油	4.6	5.2	4.7	5.9	5.1	5.2	4.5	4.3	3.8	4.9
その他	14.5	15.1	15.6	15.5	14.2	16.6	17.3	18.8	20.2	21.8
地域別										
北　米	47.2	45.7	46.2	39.1	31.1	30.8	33.4	35.6	35.6	36.3
欧　州	73.5	78.3	82.1	73.7	55.6	60.8	62.6	56.4	54.8	57.2
日　本	51.8	46.3	35.7	42.0	27.0	29.7	31.7	30.9	20.9	21.4
中　国	45.2	42.1	46.0	49.4	67.7	61.8	63.1	71.1	73.1	69.5
その他の地域	27.6	33.7	38.3	33.5	28.8	39.7	42.4	38.1	38.3	42.4
需要合計	245.5	246.1	247.8	237.9	209.9	223.1	233.4	232.0	222.5	226.7
回　収										
自動車触媒	-25.1	-25.9	-28.3	-31.3	-24.4	-28.1	-30.9	-28.8	-32.6	-32.8
宝飾品	-11.5	-11.4	-17.4	-30.1	-15.4	-16.2	-18.8	-15.9	-15.3	-16.1
回収合計	36.6	37.3	45.7	61.4	39.8	44.3	49.7	44.7	47.9	48.9
総需要	208.9	208.8	202.1	176.5	170.1	178.8	183.7	187.3	174.6	177.8
在庫変動	0.4	0.0	-12.3	-12.5	8.7	-17.9	-7.6	-16.7	-58.9	33.7

注：需要……医療・バイオ用途は、その他に含めている。
　　回収……電気は微小のため項目として省いている。
資料：トムソン・ロイターGFMS「プラチナ＆パラジウム・サーベイ2015」

下を平行して走るアッパーグループ2（UG2）鉱床、1990年代にプラットリーフ鉱床が発見され、開発が進んだ。

　南アのPGM生産はこれまで①アングロ・アメリカン・プラチナム（アングロプラット）、②インパラ・プラチナム（インプラッツ）、③英国ロンミン、そして④ノーザムの4社でほぼ100％の生産が行われていた。しかし、2000年以降はオーストラリアのアクエリアス・プラチナ、カナダのサザンエラなどが南アに投資し、鉱山開発を進めた。また、2003年には黒人の株式保有比率43％の鉱山会社アフリカン・レインボー・ミネラルズ（ARM）が誕生した。2006年にはカナダのイースタン・プラチナムが、バープラッツ・インベストメントを買収し、クロコダイル・リバー鉱山での操業を開始した。

　南アの供給量は2006年に過去最高となる169.4トンを記録した後、伸び悩んでいる。南アの鉱山会社は各社とも2000年代前半、需要増加を見込んで設備拡張を進めたが、電力供給問題、悪天候、事故防止のための鉱山閉山、精錬所の操業停止、熟練スタッフ不足、ストライキなどにより、生産が伸び悩んだ。

　2003年末にはアングロプラットが南ア通貨ランドの上昇を理由に2006年の生産目標を下方修正したこともあり、ランド相場も生産動向を決める要因となっている。また、2012年には白金価格下落によるコスト割れでアクエリアス・プラチナが鉱山の操業を停止しており、価格も生産を左右する要因である。2014年7月に白金価格は一時1,500ドル台を回復したが、景気減速懸念も強く、その後に1,400ドル割れの水準に下落した。白金の採掘採算コストは2014年現在で1,209ドルという計算が出ているが、2015年2月に1,200ドルを割り込むと、7月には1,000ドル割れ目前まで下落した。生産会社にとってはコストを大きく割り込んでいる状態が続いおり、この採算割れの状況が長く続くと、操業停止を検討する鉱山会社も現れてくるだろう。

　日本の白金輸入は、1990年代はロシア産が3割前後占めていたが、輸出が不安定となったことから敬遠され、2000年代に南アにシフトした。なお、輸入通関実績によると、2014年の日本の白金輸入は南ア産が79.5％（27.2トン）を占めている。

3) ロシア

　ロシアのPGMは、主にシベリアに位置するノリリスク・ニッケル鉱山で採鉱される銅やニッケルのバイ・プロダクトとして生産されるが、公式な生産量は政府の機密扱いとなっていた。ソ連崩壊後に生産設備の老朽化や資金面での問題が深刻化したことから、生産は1980年代終盤にピークを迎えたとみられ、その後は生産減少分を国家在庫の放出で補っていた。しかし、ノリリスク・ニッケルが1990年代半ばに民間移行し、資金調達や他社の買収を開始し、業務を拡大すると、2005年3月にPGMの生産量公表について大統領の承認を受けた。同社の白金生産は2005年以降、20～30トンで安定しており、2014年は22.3トンとなっている。

　また、1990年代は日本向けの輸出割合が際立ち、1997年以降の対日輸出の大幅な遅れで日本の白金価格が急上昇し、2000年に8年ぶりの高値を付ける要因となった。輸入通関実績によると、ロシアの日本への白金輸出は1999年に12トンを記録したが、2000年以降は南アにシフトしたため、急減し、2014年に0.4トンまで減少している。

4) その他

　ジンバブエで2000年代後半にPGM生産が増加し、白金は2014年に12.4トン（2005年5.0トン）、パラジウムは10.1トン（同4.2トン）となった。同国のPGM生産は1995年10月、ハートレー・プラチナ鉱山開発計画であるハートレー・プラチナ・プロジェクト（HPP）で初めて採掘を開始した。

　カナダではインコ社のサドバリー鉱山（オンタリオ州）、およびファルコ

図表24　世界白金供給

単位：トン

供　給	2005	2006	2007	2008	2009	2010	2011	2012	2013	2014
南アフリカ	157.2	169.4	157.9	145.4	143.2	147.7	147.3	130.3	133.3	95.2
ロシア	29.9	29.5	28.5	25.8	24.7	24.4	25.4	25.0	23.8	22.3
カナダ	7.2	7.1	6.4	7.1	5.3	0.0	8.4	6.9	6.8	7.7
米　国	3.9	4.3	3.7	3.6	3.8	3.5	3.7	3.7	3.7	3.7
ジンバブエ	5.0	5.2	5.3	5.6	7.1	8.9	10.6	10.4	12.7	12.4
その他	2.8	3.0	3.0	4.0	4.1	3.9	3.6	4.3	4.9	4.8
供給合計	206.0	218.5	204.8	191.5	188.1	192.3	199.1	180.5	185.1	146.1

資料：トムソン・ロイターGFMS「プラチナ＆パラジウム・サーベイ2015」

図表25　世界の白金鉱山

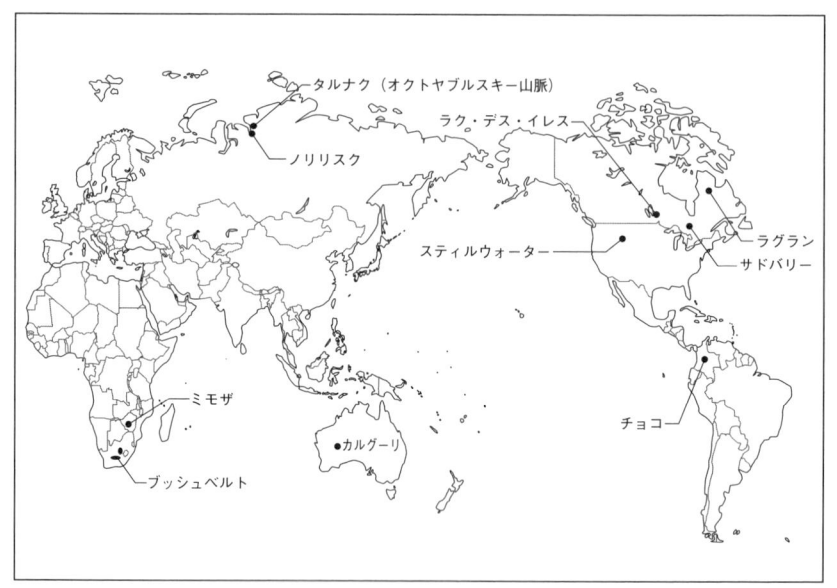

資料：ジョンソン・マッセイ

ンブリッジ社のラグラン鉱山（ケベック州）からの副産物としての生産が中心となる。また、カナダで唯一のPGM鉱山であるノース・アメリカン・パラジウム社のラク・デス・イレス鉱山からも生産される。米国ではモンタナ州のスティルウォーター鉱山が、白金とパラジウムを生産する。同社は2001年のパラジウム価格急落を受けて経営難に陥り、2003年6月にロシアのノリリスク・ニッケルが同社株の約半分を買い取り、ノリリスクの傘下に入ったが、2010年11月に売却が発表された。これら北米での生産は2014年、11.4トンとなっている。

（2）需要（用途）

① 需要の特徴

　白金需要の特徴としては、工業用需要比率の高さや自動車触媒需要の増加、宝飾用需要での中国の需要急増が挙げられる。

　需要について、2014年の実績をみると、世界全体で226.7トンとなった。

そのうち中国は69.5トン（30.7％）を占め、2002年の49.5トンから増加している。他の地域では、欧州が57.2トン（25.2％）、日本が21.4トン（9.4％）を占め、需要は日本、北米、欧州、中国に偏っている。

白金の需要項目は工業用、宝飾用、投資用に大別される。工業用需要は、2014年実績で142.5トンとなり、需要全体の62.9％を占める。また工業用需要の内訳をみると、自動車触媒需要が93.4トンと65.5％を占めている。

これは排ガス規制の強化とともに自動車触媒での白金装填量が増加したことが主因だが、欧州ではディーゼル車の販売が多いことも追い風となっている。ガソリン車の自動車触媒にはパラジウムで代替することも可能だが、ディーゼル車の場合は技術的に白金が必要となる。

工業用需要の比率について、金の場合は12.8％であることと比較しても、白金の工業用需要比率の大きさが際立っている。このことは、白金需要やその価格が、世界の景気動向の影響を受けやすいことにもつながる。

2014年の宝飾用需要は、世界全体で79.9トンとなり、需要合計の35.2％を占めた。2014年の投資用需要の世界合計は4.3トンで、需要全体の1.9％を占めた。地域別の投資用需要では、日本が1.7トン、欧州が0.2トンとなった。

② 主な需要部門

1) 工業用需要

2014年の世界の工業用需要は142.5トンであるが、これを部門別に分けると、自動車産業、化学、電子・電気工業、ガラス、石油、医療・スパークプラグ、その他となる。

このうち最大の項目は自動車触媒用の需要で、2014年実績では93.4トンと、工業用需要の65.5％、全体需要の41.2％を占める。具体的には、自動車排ガス規制用触媒コンバーターの触媒として用いられる。この分野の需要は、1970年代半ばに日米で排ガス規制が実施されて以降、急速に伸びたものの、1990年代は白金より安価なパラジウムと競合し、パラジウム多用触媒のシェアが拡大して白金触媒需要が伸び悩んだ。しかし、2000年以降は1990年代後半のパラジウムの高騰やロシアの不安定な供給を背景に大手自動車メーカーがパラジウムから白金へ代替を進めたことや、欧州でのディーゼル車への排ガス規制強化によって白金触媒需要が増加した。ただし、その後の白金

価格上昇を受けて省白金の技術開発が進み、2004年にベルギーの触媒大手ユミコア、2007年に入ると日産やマツダが新触媒を発表した。白金はディーゼル車の自動車触媒に技術的に必要であり、ディーゼル車の占める割合の大きい欧州の需要が多い。2014年は欧州が40.0トンとなり、日本の8.7トン、北米の14.0トンを上回っている。

また化学・石油部門でも白金は触媒として使用されている。2014年の需要は、化学部門で18.3トン（前年13.4トン）、石油部門では4.9トン（同3.8トン）となっている。

PGMは、耐蝕性、耐熱性、耐アーク（放電による火花）性などの優れた物質的特性を備えているため、電子・電気部門における需要が多岐に広がった。

電子・電気部門では1980代後半、パソコンのハードディスク（HDD）の大容量化に伴って需要が増加し、2000年に14.2トンまで増加した。その後はパソコン需要の伸び悩みに伴い、2003年に8.1トンまで減少したが、HDDの大容量化は進み、2006年には12.6トンとなった。しかし、近年ではソリッド・ステート・ドライブ（SSD）の登場・普及により、HDDから移行しつつあり、2014年は5.1トンに減少している。

一方、コンピュータ・モニターやテレビなどハイテク産業を中心に高品質ガラス向けの需要は堅調に推移している。ガラス産業部門としては、このほかに液晶ディスプレーやプラズマ・ディスプレー、グラスファイバーなどへの需要がある。2014年のガラス部門向けの白金需要はマイナス1トン（前年2.6トン）に減少している。

その他の工業用需要としては、医療・バイオメディカル部門があり、医療用のカテーテルや心臓ペースメーカーの構成部品、抗ガン剤の有効成分として使われる。また、ポリエステル繊維やPET樹脂などの原料となる石油化学製品であるパラキシレンなどの化合物を作る場合の触媒にも使用される。

2) 宝飾品用需要

すでに述べたとおり、宝飾品用需要では中国がその大半を占める。中国の宝飾用白金需要は1996年に5.9トンだったが、2009年には60.9トンと約10倍にまで増加した。その後は、価格上昇などを受けて2011年は49.4トンに減少

図表26　白金の工業需要の推移

単位：トン

	2005	2006	2007	2008	2009	2010	2011	2012	2013	2014
自動車触媒	115.5	121.2	125.5	109.5	78.0	91.3	94.9	90.6	90.1	93.4
化　学	10.4	10.0	11.5	10.6	8.8	15.0	15.2	12.5	13.4	18.3
ガラス	15.7	14.0	13.4	15.8	2.8	15.7	10.5	10.1	2.6	-1.0
電　気	11.4	12.6	12.3	9.1	7.9	7.8	7.0	6.1	5.3	5.1
投資（小口投資）	0.7	-0.7	0.7	14.1	9.8	3.0	9.7	8.8	4.4	4.3
投資（投資信託）	—	—	—	—	—	—	4.5	7.4	27.7	6.8
宝飾品	72.7	68.7	64.1	57.4	83.3	68.5	74.3	80.8	82.7	79.9
石　油	4.6	5.2	4.7	5.9	5.1	5.2	4.5	4.3	3.8	4.9
その他	14.5	15.1	15.6	15.5	14.2	16.6	17.3	18.8	20.2	21.8
需要合計（投資(投資信託)を除く）	245.5	246.1	247.8	237.9	209.9	223.1	233.4	232.0	222.5	226.7
回　収										
自動車触媒	-25.1	-25.9	-28.3	-31.3	-24.4	-28.1	-30.9	-28.8	-32.6	-32.8
宝飾品	-11.5	-11.4	-17.4	-30.1	-15.4	-16.2	-18.8	-15.9	-15.3	-16.1
回収合計	36.6	37.3	45.7	61.4	39.8	44.3	49.7	44.7	47.9	48.9
総需要	208.9	208.8	202.1	176.5	170.1	178.8	183.7	187.3	174.6	177.8
在庫変動	0.4	0.0	-12.3	-12.5	8.7	-17.9	-7.6	-16.7	-58.9	33.7

注：需要……医療・バイオ用途は、その他に含めている。
　　回収……電気は微小のため項目として省いている。
資料：トムソン・ロイターGFMS「プラチナ＆パラジウム・サーベイ2015」に基づき筆者作成。

したが、2012年以降は持ち直し、2014年は52.3トンとなっている。

　日本は以前、世界最大の宝飾用白金の需要国であり、1995年と1996年に46.0トンを記録したが、バブル崩壊後の景気低迷などを受けて需要は伸び悩んだ。また中国の高成長も重なり、2000年に中国34.2トン、日本33.0トンと順位が変わった。2000年代も引き続き減少し、2014年は10トンとなっている。

3）　投資需要

　白金の投資用需要とは民間におけるコインやバーの退蔵用需要を指していたが、2007年以降は白金ETF（上場投資信託）が上場され、その投資需要も含まれるようになった。2005年は0.7トンと、全体の1％にも満たなかったが、ETF上場後は増加し、2013年は過去最高32.1トン（投資信託を含む）を記録した。しかし、2014年は価格低迷により、11.1トン（投資信託を含む）まで減少している。

　欧米諸国での白金投資は主にコインや10トロイオンス以下（1トロイオン

図表27　日中の白金宝飾需要

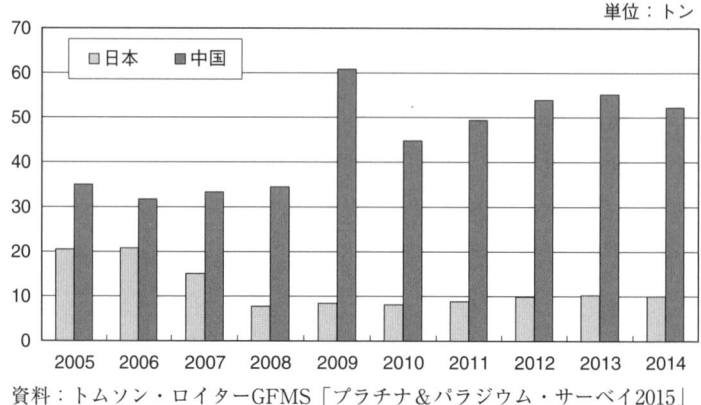

単位：トン

資料：トムソン・ロイターGFMS「プラチナ＆パラジウム・サーベイ2015」

ス＝31.1035グラム）のスモールバーが中心だった。日本では富裕層に対するラージバーの販売が主流を占め、円建て価格が上昇すれば白金の投資需要は減少し、下落すれば増大する傾向にあった。2011年の日本のラージバー販売は7.3トンとなっている。

　欧州各地で2007年以降、白金ETF（上場投資信託）が上場され、金ETFのように投資需要の増加につながっている。2008年は金融危機などで景気後退懸念が強まったが、2009年に入ると、安値を買い拾われ、景気回復期待が高まると再び投資資金が流入した。白金ETFの現物保有高は2008年末に5.3トン、2009年末に13.4トンとなり、2010年1月にニューヨーク証券取引所（NYSE）で上場されると、急増し、同年末にはNYSEとロンドン証券取引所（LSE）の合計は26.1トンとなった。2012年は9月20日に過去最高32.3トンを記録した。その後、価格下落に伴い、2015年4月には26.1トンとなっている。

（3）在　　庫

　1975年以降の統計によると、2011年までの白金生産量は5,027トンある。これが潜在在庫であり、これから投資需要部門、および地上在庫を差し引いたものが、二次供給の潜在的供給源となる。投資需要部門の保有高は2011年

図表28　白金投資信託（ETF）現物保有高

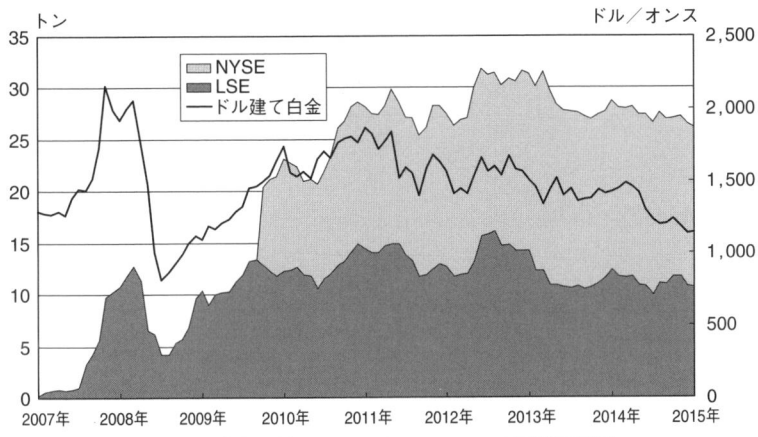

注：LSEはロンドン証券取引所、NYSEはニューヨーク証券取引所。
資料：ETFセキュリティーズ

末で266トンである。

　地上在庫とは、即時に利用可能な在庫で、ニューヨーク・マーカンタイル取引所（NYMEX）や東京商品取引所（TOCOM）の指定倉庫在庫、工業用ユーザー在庫、原材料を含む生産者在庫などを合わせたものを指す。鉱山会社や最終消費者が保有する在庫は含まれない。

　2015年12月末のNYMEXとTOCOMの指定倉庫在庫の合計は6.35トン（NYMEX4.8トン、TOCOM1.55トン）である。

5．世界の白金市場

　世界の白金取引において、現物取引はロコ・チューリッヒが世界の基準となっているが、先物取引においては東京商品取引所（TOCOM）とニューヨーク・マーカンタイル取引所（NYMEX）の取引が、日々の世界の価格動向に大きな影響を及ぼしている。

（1）ロコ・チューリッヒ

金と同様に、ロコ・チューリッヒと呼ばれるチューリッヒ渡しの現物の相対取引が行われ、ロンドン市場をはるかに凌いで世界の基準としての地位を確立している。

（2）ロンドン市場

1979年までは、ロンドンとチューリッヒの地金市場に特定の規制はなかったが、1979年6月に市場整備を目的に、エヤトンメタルズ、ジョンソン・マッセイ、サミュエル・モンタギュー、シャープス・ピクスレイ、スイス3大銀行など9社によって、白金取引の標準化が行われた。

1991年4月には、LBMAの白金、パラジウム版といえるロンドン・プラチナ・パラジウム市場（LPPM）が正式に設立され、値決めのモニタリングを行うようになった。しかし、イングランド銀行のような監督官庁をもたず、その意味では自主規制団体といえる。

値決めは毎日2回行われる。品位は99.95％以上で、1～6キログラムの板あるいは塊の形態が対象となる。

（3）東京商品取引所

東京商品取引所（旧東京工業品取引所）では、銀と同時に1984年1月に取引が開始された。その後、日本の現物需要シェアの大きさ、日本人の白金嗜好性、さらにはその価格変動の激しい投機妙味を背景に取引は急速に拡大し、世界最大の白金先物市場の地位を確立し、年間出来高は2001年に1,624万4,583枚を記録した。

特に、旧ソ連でクーデターが発生した1991年8月には、市場規模の指標となる取組高が40万枚台、ロシアの供給に対する懸念が高まった1999年3月には47万枚台を記録した。東京商品取引所市場がロシアの動向に敏感なのは、1990年代に日本の白金輸入の大部分をロシアが占めていたことが一因であった。しかし、1990年代後半のロシアの輸出が不安定となったため、2000年以降は南アフリカからの輸入が中心となっている。

ただ、2005年以降の商品先物取引法改正などによる営業規制や2008年のリーマンショックによる金融危機などをきっかけに出来高が急減し、2010年以降はニューヨーク・マーカンタイル取引所（NYMEX）に抜かれた。2014年の年間出来高は459万3,224枚となった。なお、2008年11月から白金ミニの取引が開始されている。

（4）ニューヨーク・マーカンタイル取引所

米国での白金取引の中心は、ニューヨーク・マーカンタイル取引所（NYMEX）の先物市場が中心となる。NYMEXで取引される品位は、99.95％、売買単位は50トロイオンス（約1.56キログラム）で、呼値は1トロイオンス当たり10セント（10分の1ドル）となっている。

米国での白金需要のほとんどは工業用需要で、日本のように投資や宝飾品の対象としての需要はごくわずかなことが一因となり、1990年代～2000年代前半はNYMEXでの先物取引の規模は東京商品取引所を大幅に下回った。また、ロコ・チューリッヒの現物取引も極端に少ない。

しかし、2008年の史上最高値更新とリーマンショック前後に急落するまで取引は伸び悩んでいたが、下げ止まると投資対象として見直され、出来高・取組高ともに急増した。年間出来高は2006年の37万3,119枚から2013年には326万2,775枚と約8.7倍となった。2014年の年間出来高は323万5,941枚となっている。

（5）上海黄金交易所（SGE）

上海黄金交易所（SGE）で2003年8月から白金の現物取引が開始された。中国では1994年の白金宝飾需要が1.6トンだったが、白金人気の高まりや急速な経済成長によって需要が急増し、2000年に日本の宝飾需要を上回ると、2011年に52.3トンまで増加した。

現物取引であるため、出来高は先物取引に全く及ばないが、中国は白金の純輸入国であり、同取引所の出来高が需要の強さを示す指標になりやすい。2011年9月26日の白金価格の急落時には1,124枚と過去最高を記録し、実需筋の買い意欲を示した。だが、その後は白金価格の低迷もあり、2015年12月

末現在では、300枚となっている。

6．情報ソース

　世界的に最も注目されるのが、英国のジョンソン・マッセイ（JM）社が年2回発表する白金需給統計であったが、2012年版で発表が終了となった。トムソン・ロイター・ゴールド・フィールズ・ミネラル・サービシズ（GFMS）社は、2004年から需給報告「プラチナ&パラジウム・サーベイ」を発表している。

　また、毎月下旬に財務省が発表する貿易統計も、日本の需要動向をみる上で有効な判断材料となる。

7．取引要綱

東京白金（標準取引・ミニ取引）

取引の種類	標準取引	ミニ取引
	現物先物取引	現金決済先物取引
標準品	純度99.95%以上の白金地金	標準取引と同様 （現金決済先物取引の対象）
売買仕法	システム売買による個別競争売買 （複数約定）	標準取引と同様
限月	新甫発会日の属する月の翌月から起算した 12か月以内の各偶数月（6限月制）	標準取引と同様
新甫発会日	当月限納会日と同日とし、 日中立会終了後の夜間立会から	当月限取引最終日と同日とし、 日中立会終了後の夜間立会から
当月限納会日	受渡日から起算して4営業日前に当たる日 （日中立会まで）	
取引最終日	―	受渡日から起算して4営業日前に当たる日 （夜間立会まで（※）） ※当該取引最終日の前日（休業日に当たる場合は 順次繰り上げる）に始まる夜間立会をもって終る。
最終決済日	―	取引最終日と同日
最終決済価格	―	標準取引の日中立会の始値
受渡日時	毎偶数月末日の正午まで （12月の受渡日は28日の正午まで。受渡日が休業日 または大納会に当たるときは順次繰り上げ）	―
受渡供用品	標準品と同等であって、取引所が指定する商標等 の刻印のあるもの。受渡品の供用量目の許容限度 増減は2％以内	―
受渡場所	取引所の指定倉庫（東京都所在の営業倉庫）	―
受渡方法	渡方は受渡品に関わる取引所指定倉庫発行の 倉荷証券を、受方は受渡値段による受渡代金を それぞれ当社に提出して行う。	―
立会時間	日中立会：午前9時00分～午後3時15分 夜間立会：午後4時30分～翌日午前4時00分	標準取引と同様
取引単位	500グラム（1枚）	100グラム（標準取引の1/5）（1枚）
受渡単位	500グラム（1枚）	―
呼値とその値段	1グラム当たり1円刻み	標準取引と同様
CB幅	夜間立会開始時に前計算区域の帳入値段 （新甫発会の場合は隣接限月の帳入値段）を基に設定	標準取引と同様
証拠金	㈱日本商品清算機構が証拠金額計算の基礎となる値（変数）を決定	
建玉数量の制限 （委託者）	売または買のそれぞれにつき次の数量 　　一般委託者 　　1番限月（納会月）　　100枚 　　1番限月（納会前月）　150枚 　　2番限月　　　　　　　200枚 　　合計　　　　　　　3,500枚 　当業者、投資信託等およびマーケット・ 　　　　　　メーカーの委託者 　　1番限月（納会月）　　600枚 　　1番限月（納会前月）　700枚 　　2番限月　　　　　　1,200枚 　　合計　　　　　　　10,000枚	売または買のそれぞれにつき次の数量 　　一般委託者 　　1番限月（納会月）　　200枚 　　1番限月（納会前月）　300枚 　　2番限月　　　　　　　400枚 　　合計　　　　　　　7,000枚 　当業者、投資信託等およびマーケット・ 　　　　　　メーカーの委託者 　　1番限月（納会月）　1,800枚 　　1番限月（納会前月）2,100枚 　　2番限月　　　　　　3,600枚 　　合計　　　　　　30,000枚

注：2015年12月末現在。その後の変更については、各商品取引所の通知を参照されたい。

〈白金〉

ニューヨーク白金

取引所	ニューヨーク・マーカンタイル取引所（NYMEX）	
取引方法	CMEグローベックス、CMEクリアポート、 オープン・アウト・クライ（NY）	
取引時間	CMEグローベックス CMEクリアポート	米東部標準時間午後6時00分～午後5時15分 （日～金） （午後5時15分から45分休止）
	オープン・アウト・クライ	米東部標準時間午前8時20分～午後1時30分 （月～金）
売買単位	1枚50トロイオンス	
呼値と単位	1トロイオンス当たり0.1ドル	
納会日	受渡月の最終営業日から3営業日前	
限月	15か月以内の1、4、7、10月の各月および当月を含む直近の3か月	
受渡日	第1営業日から最終営業日まで	

注：2015年12月末現在。

パラジウム

1．パラジウムの歴史

　パラジウムは1803年、英国の科学者ウィリアム・H・ウラストンが白金の残留物からパラジウムを分離したことによって、発見された。

　ただし、今日のように先端物資として、あるいは歯科用材料等として脚光を浴びるようになったのは、ごく最近のことである。パラジウムのもつ優れた特性を活かすだけの技術や産業が発達していなかったためである。このためパラジウムは長い間、「シック・メタル（病める金属）」と呼ばれていた。

　しかし、1970年代に日米で排ガス規制が実施されたことに伴い、白金、パラジウム、ロジウムを利用した「3元素触媒酸化方式」のコンバータが実用化されたことをきっかけに、その需要が伸びた。特にパラジウムは、当初主体となった白金、ロジウムより安価なため、パラジウムを主成分とした新型触媒の研究開発が進み、需要のシフトが起きたが、ロシアからの供給が不安定になったため、2000年以降、パラジウム離れの動きが出た。

2．パラジウムの商品特性

　パラジウムは白金系貴金属（PGM）に属し、貴金属の1つでもあり、また埋蔵量の少なさからレアメタル（希少金属）にも数えられている。その物質的特性としては、まず融点が1,554℃と、PGMの中で最も低いことが挙げられる。このため加工性に優れているという特徴をもつ。自動車触媒や、ハイテク分野を中心に加工用需要（工業用需要＋歯科用需要）が全体の93.3%（2014年）を占めるのも、このためである。

　パラジウムは銀白色で、元素記号はPd、原子番号は46、比重は12.02である。前述したように、融点が低いため機械的な加工性に富み、水素をはじめ

とした気体を多量に吸収するという特性がある。パラジウムの科学的特性をまとめると、次のとおりである。
　①空気や水に対して極めて安定している（空気中や水中では酸化しない）。
　②耐蝕性がある（酸やアルカリに反応しにくい）。王水および硝酸、濃硝酸、熱アルカリ液に溶ける。
　③触媒作用を有する。
　④水素の吸収性、および透過性が高い（水素の吸収量は、一定条件の圧力下でその体積の800倍）。
　⑤加工が容易である。
　⑥他の金属との合金が容易である。

3．パラジウムの価格変動要因

（1）　主な価格変動要因

　パラジウムの変動要因としては需要面では総需要の84.5％（2014年）が自動車触媒と電子・電気部門に集中しているため、各国の景気動向が重要視される。また、供給面ではロシアからの供給（売却）が年によって大きく変わるため、その動向も変動要因となる。
　①　**主要消費国の景気動向**
　パラジウム総需要の68.9％（2014年）が自動車触媒用の需要のため、各国の景気動向はパラジウム価格を大きく揺さぶる。パラジウムは主にガソリン車に使われるため、ガソリン車の占める割合の多い米国の新車販売の影響を受けやすい。
　②　**ロシアの売却**
　ロシアの売却は取引相手国との長期契約とスポット市場での売却に大別できるが、市場への影響力として無視できないのがスポット市場での売却である。価格が高い時にはスポット市場での売却が多くなり、この売却によって需給ひっ迫感が薄れて急落する場面もみられる。これは他のエネルギーや貴金属と同様、天然資源の豊富なロシアが財政不足を補うために、外貨獲得の

手段として売却することが主因である。

ロシアでは1985年のペレストロイカ以降、市場経済化に伴う資金需要増加を補うための外貨獲得手段としてパラジウムの売却が進んだ。特に1993年からは急増し、1994年以降は年間の売却量を100トン台に乗せた。そのほとんどが日本向けの輸出であり、その輸出動向は日本のパラジウム価格に大きな影響を及ぼした。ロシアのパラジウム在庫からの売却は、かつて50トン前後であったが、2011年には24トンに減少している。その後は売却されていないため、ロシアのパラジウム在庫は枯渇したとの見方が出ている。

③　新型触媒開発

自動車触媒については、新型触媒の開発やその発表が、これまでたびたび市場を揺さぶってきた。1996年8月に、米ゼネラル・モーターズ（GM）社が新型触媒の開発を発表した。低温でも浄化機能が高い新触媒開発で、パラジウム触媒需要が減少するのではとの思惑から、相場は約2年半ぶりの安値に下落した。また、2003年5月にGMがパラジウム回帰を発表し、価格が一時的に急伸する場面がみられ、自動車触媒におけるPGMの使用比率も市場参加者の関心を集めた。

また、マツダは2009年4月、貴金属の使用量を70％削減した自動車用触媒「シングルナノ触媒」を開発したことを発表したところ、相場が目立って反応することはなかったが、技術開発が進むと、需要減少の一因となると考えられる。近年では中国の自動車販売台数が米国を上回っており、新興国も今後、自動車触媒需要を左右する要因になるとみられる。

④　戦略物資

パラジウムも他の貴金属と同様、戦略物資として保有されているため、在庫の放出は市場への弱材料として作用する場合がある。

一方、2000年代は新興国の経済成長による国際商品に対する需要が増加したことから、資源ナショナリズムが台頭する一方で、各国が資源確保に動き出している。

⑤　投資資金の動向

金や白金と同様、パラジウムも他の金属に比べて、供給量が少ないことから、まとまった投資資金が流入すると、価格を変動させる要因になりやす

〈パラジウム〉　99

い。

　パラジウムは1990年代、タイガーファンドの綿密な調査によって有望視され、ピーク時で年間生産量の約３分の１が買い占められ、価格高騰につながる場面もみられたことから、投資資金の動向はパラジウム市場で常に警戒される要因の１つである。

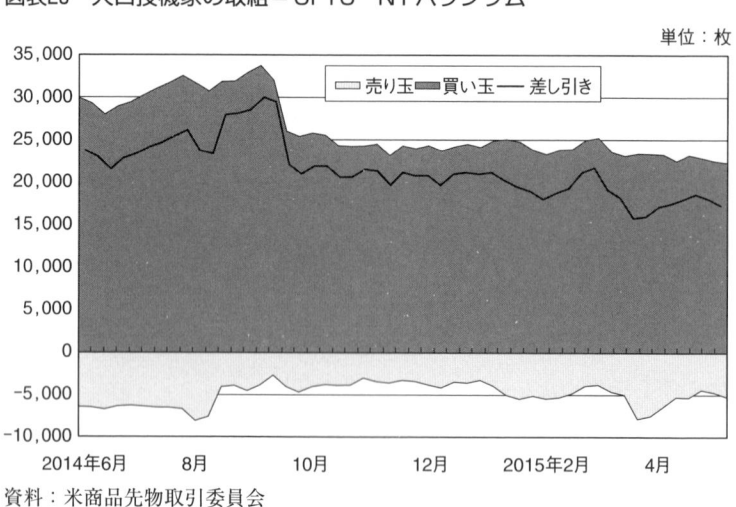

図表29　大口投機家の取組＝CFTC・NYパラジウム

単位：枚

資料：米商品先物取引委員会

４．パラジウムの需給と在庫

（１）供　　給

①　供給の特徴

　PGMの供給の特徴としては、供給規模が小さいこと、供給ソースが偏在していることの２点が挙げられる。

　まず、供給規模については、トムソン・ロイターGFMSが発表した「プラチナ＆パラジウム・サーベイ2015」によると、2014年実績（二次供給を除く）は、187.8トンであり、金の鉱山生産が3,133トン、銀が２万7,293トン

図表30　世界パラジウム需給

単位：トン

	2005	2006	2007	2008	2009	2010	2011	2012	2013	2014
供　給										
南アフリカ	80.6	88.9	83.3	73.6	77.2	82.3	83.5	74.5	73.7	58.8
ロシア	97.4	98.4	94.8	84.0	83.3	84.7	84.1	81.7	80.2	82.7
カナダ	15.6	17.3	17.7	16.3	8.7	11.0	17.4	17.3	16.5	16.2
米　国	13.3	14.5	13.2	11.9	12.7	11.6	12.4	12.3	12.6	12.4
ジンバブエ	4.2	4.2	4.1	4.3	5.5	6.9	8.1	8.0	9.8	10.1
その他	5.1	5.5	6.1	8.3	9.3	9.2	7.8	8.4	8.1	7.6
供給合計	216.2	228.8	219.2	198.4	196.7	205.7	213.3	202.2	200.9	187.8
需　要										
用途別										
自動車触媒	124.1	137.9	149.1	139.6	125.2	164.2	172.3	188.9	195.4	205.4
化　学	9.8	12.8	11.9	11.4	9.7	11.2	11.8	11.3	12.2	12.0
歯　科	18.6	18.2	19.1	19.3	18.7	18.4	17.6	17.0	15.9	14.4
電　気	34.9	37.9	39.7	41.9	38.6	45.1	46.6	47.0	46.8	46.4
投　資	7.9	4.2	1.4	2.9	5.3	2.5	1.9	1.2	1.2	1.4
宝飾品	42.4	39.8	39.8	40.3	34.5	24.8	20.9	18.5	16.2	14.7
その他	2.4	2.7	2.8	2.8	2.5	3.1	3.2	3.4	3.6	3.7
地域別										
北　米	71.8	71.5	70.2	61.9	50.0	58.3	58.6	63.8	65.0	64.3
欧　州	49.3	52.5	55.1	53.0	47.3	57.5	62.0	61.1	60.3	62.3
日　本	42.0	46.1	47.2	47.2	38.1	42.4	38.9	43.5	42.1	42.2
中　国	44.0	44.5	46.6	47.6	51.7	53.4	54.5	57.2	61.9	64.7
その他の地域	33.0	39.1	44.9	48.6	47.3	57.9	60.4	61.7	62.0	64.6
需要総計	240.2	253.5	263.9	258.1	234.5	269.2	274.3	287.3	291.2	298.1
回　収										
自動車触媒	-19.6	-23.3	-29.8	-37.3	-33.5	-40.7	-47.1	-45.8	-49.5	-53.4
宝飾品	-3.2	-7.3	-5.7	-6.0	-3.6	-5.6	-7.7	-6.9	-7.2	-7.7
回収合計	-22.8	-30.6	-35.5	-43.3	-37.1	-46.3	-54.8	-52.7	-56.7	-61.1
総需要	217.4	222.9	228.4	214.8	197.4	222.9	219.5	234.6	234.5	237.0
在庫変動	57.8	50.2	19.3	28.0	18.4	-9.0	39.9	-1.5	1.6	-18.5

注：回収……電気は微小のため項目として省いている。
資料：トムソン・ロイターGFMS「プラチナ&パラジウム・サーベイ2015」

であることと比較すると、その供給規模が桁違いに小さいことが分かる。

また、国・地域別にみると、南アが58.8トン、ロシアが82.7トン、北米およびその他の地域が46.3トンとなった。南アとロシアが75.3％を占めている。1990年代後半にはロシアからの供給がかなり不安定となり、2014年はストライキの影響から南アの生産が減少したが、南アとロシアが世界全体の供給の7割以上を占める状況に変わりはない。2000年代はジンバブエの生産も増加したが、パラジウムの供給ソースが、政治・経済的に不安定な数カ国に偏在していることは、パラジウムの価格変動の激しさの一因となっている。

一方、二次供給は2014年実績で61.1トンとなった。総供給に占める二次供給の比率は、金が25.8％、銀が15.7％であるのに対し、パラジウムは24.5％となっている。2000年代前半は、回収ルートが未整備であることや、回収・精錬コストが高いことがネックとなり、2002年の回収比率は7％と低かったが、2000年代後半に自動車の買い替えや電気部門の回収が進んだことを受け、急速に比率が上昇した。

② 鉱山生産

鉱山や鉱脈からのパラジウムの産出形態は、PGM鉱石生産、副産物としての生産（バイ・プロダクション）、自然パラジウムの3種類に大別される。

PGM鉱脈からの産出は、南アで行われている形態である。南アの鉱脈はPGMの含有比率が高く、膨大な埋蔵量を伴う。クロム鉄鉱、かんらん石、磁鉄鉱などと混合して産出する。

バイ・プロダクション生産は、銅やニッケルの副産物として産出される形態を指す。銅やニッケル等の磁化鉱床に混じって産出されるが、含有率は低く、かつ埋蔵量も少ない。南アを除く世界の主要PGM鉱山のほとんどがこの形態の生産といわれている。

自然パラジウムとは、主として超塩基性岩石中に分散して含有されていた鉱物粒が風化作用によって集積し、川床に砂粒状に堆積し、砂パラジウムとして産出される形態である。コロンビアのチョコ地区など、ごく一部の地域でみられる。数量的には微量である。

1） ロシア

　ロシアは世界最大のパラジウム供給国だが、正確な鉱山生産量は明らかにされてこなかった。主にニッケル・銅の副産物として産出されるため、生産量はこれら非鉄金属の生産量に左右されると推測できる。

　ロシア側の販売窓口は貴金属輸出公団（アルマズ）が担当しており、取引は白金同様、相手国との長期契約が中心である。1998年のロシアからの売却は180.4トンと過去最高を記録したが、市場では国家備蓄から取り崩されたとみられている。その後は不安定な供給が顧客のパラジウム離れを起こし、価格が急落したことから2001年8月以降、スポット売却の停止に踏み切り、売却が急減した。同国最大の鉱山会社ノリリスク・ニッケルは出荷を控えたが、2003年以降に再開すると、供給量が回復した。しかし、政府在庫からの放出も多く、在庫枯渇が懸念される中、2014年の供給量は82.7トン（前年80.2トン）となった。

　ノリリスク・ニッケルは、1990年代半ばに民間移行した。1998年以降のパラジウム価格高騰により、収益が改善したため、同社のパラジウム生産は増加し、2000年には年間生産量が84トン（2005年までは国家機密扱いにより推定）を維持するようになった。2003年に米スティルウォーター（2010年売却）を買収したことから、同社のパラジウム生産合計は一時100トンを上回った。一方、ロシア政府のPGM在庫は、国家基金ゴクランが管理していたが、2011年にゴクランが保有するパラジウムの一部は商品化に向かず、再精錬を計画している、とされた。

2） 南アフリカ共和国

　南アフリカ共和国（南ア）のパラジウム生産量は、白金鉱山から産出されるPGM鉱石の混合比によって増減する。たとえば1995年はこの比率が変更されたことにより、前年比6.6％増の49.8トンに増加した。その後は設備拡張によって生産量が増加し、2006年には88.9トンと過去最高を記録した。

　しかし、2000年代後半は、電力供給問題、悪天候、事故防止のための鉱山閉山、精錬所の操業停止、熟練スタッフ不足、ストライキなどにより、生産が伸び悩み、2014年は58.8トンとなっている。

3) その他

　総供給量に占める北米のパラジウム生産量の割合は2014年で15.2％である。そのシェアは2002年まで、ロシアからの供給が急減したため、上昇傾向にあったが、2003年以降はロシアの売却が増加したことや北米での生産減少から、低下する年もみられた。

　カナダではパラジウム含有量の多いノースアメリカン・パラジウム鉱山をはじめ、ニッケルの副産物として採掘されているインコ社やファルコンブリッジ社で生産される。米国ではスティルウォーター鉱山で産出されるが、2001年以降のパラジウム価格急落などによって経営難に陥り、2003年6月、ロシアのノリリスク・ニッケルに株式の半分を買収された。2010年には同社が機関投資家にスティルウォーター株を売却した。

（2）需要（用途）

① 需要の特徴

　2014年実績で、パラジウムは工業用需要（歯科、宝飾を除く）が全体の89.7％を占める。地域別需要をみると、2005年は日・米・欧の先進工業国で総需要量の67.9％が消費されたが、2014年実績をみると、中国の需要急増を受けて、その割合は56.6％に減少している。世界の総需要量は1999年に291.4トンを記録したが、価格上昇によってパラジウム離れが起きると、自動車触媒部門で白金、電気・電子部門でニッケルへの代替が進んで需要は急減し、ピーク時から自動車触媒部門で48％（1999年182.9トンから2002年

図表31　世界パラジウム供給

単位：トン

供　給	2005	2006	2007	2008	2009	2010	2011	2012	2013	2014
南アフリカ	80.6	88.9	83.3	73.6	77.2	82.3	83.5	74.5	73.7	58.8
ロシア	97.4	98.4	94.8	84.0	83.3	84.7	84.1	81.7	80.2	82.7
カナダ	15.6	17.3	17.7	16.3	8.7	11.0	17.4	17.3	16.5	16.2
米　国	13.3	14.5	13.2	11.9	12.7	11.6	12.4	12.3	12.6	12.4
ジンバブエ	4.2	4.2	4.1	4.3	5.5	6.9	8.1	8.0	9.8	10.1
その他	5.1	5.5	6.1	8.3	9.3	9.2	7.8	8.4	8.1	7.6
供給合計	216.2	228.8	219.2	198.4	196.7	205.7	213.3	202.2	200.9	187.8

資料：トムソン・ロイターGFMS「プラチナ＆パラジウム・サーベイ2015」

94.9トン)、電気・電子部門で73%（1995年81.5トンから2001年20.8トン）減少した。2004年からは白金の価格高騰の影響により、中国においてパラジウム宝飾品の需要が急増することとなり、2005年の世界の総需要量は240.2トンまで回復することとなった。その後は需要が一時的に減少する年もみられたが、自動車触媒需要の回復や投資需要の増加などを背景に2014年に298.1トンとなり、1999年を上回った。このうち、中国が64.7トン（21.7%）を占め、欧州が62.3トン（20.9%）、北米が64.3トン（21.6%）を占めている。白金同様、パラジウムの需要項目は、工業用、宝飾用、投資用に大別される。工業用需要は、2014年実績で267.5トン、需要全体の89.7%を占める。

このうち、自動車触媒が205.4トン（68.9%）を占める。金の工業用需要比率が10%台であることと比較しても、工業用需要比率の大きさが際立っている。このことは、PGM需要やその価格が、世界の景気動向の影響を受けやすいことにもつながる。

宝飾用需要は、2014年実績で14.7トン（4.9%）である。このうち、中国は5.3トンとなった。

② 主な需要部門

1) 自動車触媒

自動車触媒用需要（総量）は2014年に205.4トンとなり、需要全体の68.9%を占める最大部門である。欧州では1990年代後半の価格上昇に加え、ロシアの不安定な供給とディーゼル車人気の高まりによって白金への代替が進み、2000年代半ばにかけて減少した。しかし、リーマンショック後の買い替え支援策で小型車販売が増加すると、パラジウムの自動車触媒需要が回復した。米国では2003年以降、パラジウムと白金の価格差が拡大したことから、米自動車大手ゼネラル・モーターズ（GM）がパラジウムへ回帰し、需要が増加した。また、中国では高度経済成長で自動車販売が増加する中、排ガス規制強化も加わって需要が増加した。

地域別にみると、欧州では、1993年に排ガス規制が導入され、1996年や2000年、2005年の規制強化に伴ってガソリン車触媒のPGM装填量が増加した。今度も規制は強化される見通しであり、メーカーはこの基準に対応するため、白金・ロジウム触媒、パラジウム・ロジウム触媒、3元素触媒を使用

し、それぞれの特性に従って使い分け、今後はエンジン設計の改良、触媒技術の進歩、PGM装填量の増加で新基準をクリアしていくものとみられている。パラジウムは、その特徴である耐熱性やコスト面の有利さから、1990年代はパラジウム多用触媒の需要増加が続いていたが、2001年以降は不安定な供給によるパラジウム離れやディーゼル車の排ガス規制強化による白金需要の増加を受けて減少に転じた。しかし、リーマンショック後は買い替え支援策によって小型車販売が増加したことから、回復に転じた。

　米国では1995年以降、パラジウム触媒を開発したフォード・モーター主導で需要が増加し、その後はカリフォルニア州の段階的な排ガス規制が他州に拡大し、米自動車業界も全国低公害車導入計画を実施したことから、カナダも含む北米での1999年の需要合計は108.6トンと過去最高を記録した。しか

図表32　パラジウムの工業需要の推移

単位：トン

	2005	2006	2007	2008	2009	2010	2011	2012	2013	2014
自動車触媒	124.1	137.9	149.1	139.6	125.2	164.2	172.3	188.9	195.4	205.4
化学	9.8	12.8	11.9	11.4	9.7	11.2	11.8	11.3	12.2	12.0
歯科	18.6	18.2	19.1	19.3	18.7	18.4	17.6	17.0	15.9	14.4
電気	34.9	37.9	39.7	41.9	38.6	45.1	46.6	47.0	46.8	46.4
投資（小口投資）	7.9	4.2	1.4	2.9	5.3	2.5	1.9	1.2	1.2	1.4
投資（投資信託）	―	―	―	―	―	-16.5	-13.9	0.0	28.0
宝飾品	42.4	39.8	39.8	40.3	34.5	24.8	20.9	18.5	16.2	14.7
その他	2.4	2.7	2.8	2.8	2.5	3.1	3.2	3.4	3.6	3.7
需要総計（投資(投資信託)を除く）	240.2	253.5	263.9	258.1	234.5	269.2	274.3	287.3	291.2	298.1
回収										
自動車触媒	-19.6	-23.3	-29.8	-37.3	-33.5	-40.7	-47.1	-45.8	-49.5	-53.4
宝飾品	-3.2	-7.3	-5.7	-6.0	-3.6	-5.6	-7.7	-6.9	-7.2	-7.7
回収合計	-22.8	-30.6	-35.5	-43.3	-37.1	-46.3	-54.8	-52.7	-56.7	-61.1
総需要	217.4	222.9	228.4	214.8	197.4	222.9	219.5	234.6	234.5	237.0
在庫変動	57.8	50.2	19.3	28.0	18.4	-9.0	39.9	-1.5	1.6	-18.5

注：回収……電気は微小のため項目として省いている。
　　投資（投資信託）……上場投資信託（ETF）の価格が上昇した場合はその分を現物で保有するが、価格が下落した場合は現物を売却する。このため、前年より価格が下落した場合、需要がマイナスとなることがある。
資料：トムソン・ロイターGFMS「プラチナ＆パラジウム・サーベイ2015」に基づき筆者作成。

し、2000年以降はそれまで積み増していたパラジウム在庫を取り崩したことや白金への代替を進めたことによって需要は急減することとなり、さらに、米自動車メーカーはパラジウムの価格急騰を受けて節約計画を加速させ、パラジウムの装填量を減少させることに成功したことも需要の減少要因となった。

しかし、近年のガソリン価格の低迷、そして米国景気の回復、大型車のローン優遇制度などから、米自動車メーカーは、中、大型車の生産に舵を切っており、このことはパラジウム需要を高める要因となっている。

日本の触媒用需要はこれまで排ガス規制が比較的緩やかだったため、1999年で18.7トンと、欧米と比べて少なかった。しかし、排ガス規制改正法が新型乗用車については2000年10月から、その他すべての自動車については2002年9月から施行され、パラジウム装填量の増加要因となり、2005年に20.5トン、2008年に27.5トンと増加している。リーマンショック以降の景気減速などで2009年は需要が後退したものの、2010年以降は回復し、2014年は27.8トンに増加している。

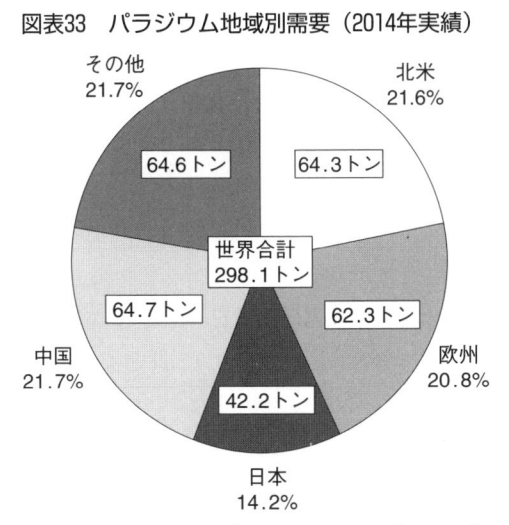

図表33　パラジウム地域別需要（2014年実績）

その他 21.7%　64.6トン
北米 21.6%　64.3トン
世界合計 298.1トン
中国 21.7%　64.7トン
欧州 20.8%　62.3トン
日本 14.2%　42.2トン

資料：トムソン・ロイターGFMS「プラチナ＆パラジウム・サーベイ2015」

〈パラジウム〉

2) 電気・電子部門

　パラジウムはもとよりPGMは、耐蝕性、耐熱性、耐アーク（放電による火花）性などの優れた物質的特性を備えているため、電子・電気分野におけるパラジウム需要は多岐に広がる可能性を秘めている。この分野で需要が伸びたのは、ハイブリッド集積回路（HIC）と多層セラミック・コンデンサー（MLCC）用のペースト需要である。通常ペーストは、パラジウム単体あるいはパラジウム・銀合金の形態で用いられる。

　この分野の需要は、パソコン市場の拡大、移動体通信の伸び、そして自動車のエレクトロニクス化によって急速に伸び、1995年には81.5トンと、需要全体の43％を占めるに至った。特に電子回路の重要な部分を構成するMLCC需要の急拡大が主因である。それぞれの構成部品におけるパラジウム使用量は数ミリグラムに過ぎないが、その生産規模は当時年間数十億個に上り、過去最高の需要を創出した。その後は在庫調整や構成部品の小型化、ニッケルなどへの材料の代替化が進んだことから需要が伸び悩むと、2000年以降の景気後退も重なって急減し、2001年に20.8トンまで減少した。2003年以降は景気が回復し、2007年の需要は39.7トンに増加した。その後もリーマンショックによる景気後退がある中で安定的に推移しており、2014年は46.4トンとなっている。

3) 歯科部門

　パラジウムは、工業用、宝飾、投資のほかに歯科用の需要がある。歯科用は主に光沢を付けたり、耐蝕性を高めるために合金として利用される。急激な伸びを示すことはないが、各国の保険制度によって消費量に変化がみられる。日本では保険対象のパラジウム含有量20％の合金の消費が伸びている一方、保険対象外の金含有量が多いものは減少している。また、人口の高齢化による歯科治療機会の増加も全体の消費を押し上げることとなる。2014年は日本で7.5トン、北米で4.6トン、欧州で1.9トンとなっている。

4) その他の需要

　化学、石油、宝飾品などが挙げられる。化学部門は2014年実績で12.0トンと需要全体の4.0％に過ぎない。しかし、新興国でポリエステル繊維やPET樹脂の主原料である高純度テレフタル酸（PTA）の需要が急増し、生産増

加が触媒需要の増加を促している。一方、中国では合成樹脂や接着剤などの需要増加が見込まれ、主原料となる酢酸ビニルの生産工場の増設が進み、触媒需要が増加している。

宝飾品は主に合金として利用されていたが、中国が白金の価格高騰を受けて2004年にパラジウム・ジュエリーを製作したことから、中国の宝飾需要は2005年に38.9トンまで増加した。しかし、2009年以降は人気が低迷し、2014年には5.3トンとなっている。

5） 投資需要

パラジウムの投資需要は、2007年以降にパラジウムETF（上場投資信託）が各国の株式市場で上場されたのをきっかけに機関投資家も参入しやすくなったことから、増加している。

2013年の投資需要（投資信託を含む）は、前年の15.1トンから、1.2トンまで急減した（図表32参照）。これは、ETF価格の下落によるものが大きい。しかし、2014年は、2月から8月にかけての価格上昇を受けて、29.4トンとなった。また、NYSEとロンドン証券取引所（LSE）のETF保有残高は、2014年末時点で31.9トンとなっている。

図表34　パラジウム投資信託（ETF）現物保有高

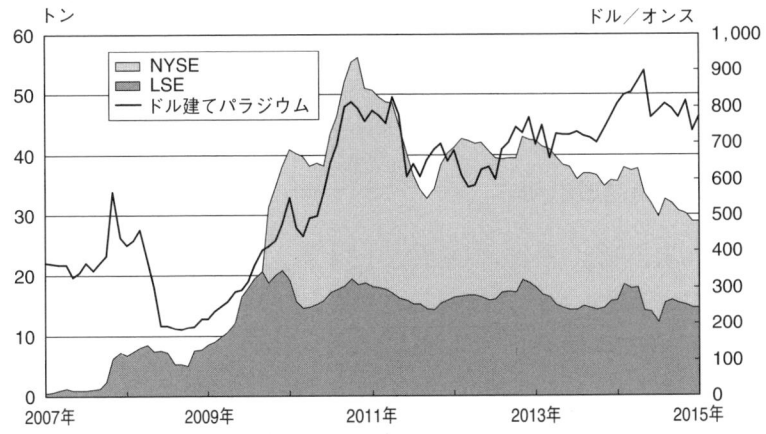

注：LSEはロンドン証券取引所、NYSEはニューヨーク証券取引所。
資料：ETFセキュリティーズ

〈パラジウム〉　109

日本では、東京証券取引所（東証）に純パラジウム上場信託（現物国内保管型）などが取引されており、人気化すると投資需要を大きく増減させる要因になる。

（3） 在　　庫

JM社による1975年以降の統計によると、2011年までのパラジウムの生産量合計は5,493トンである。これから投資需要部門、および地上在庫を差し引いたものが、二次供給の潜在的供給源となる。投資需要部門の保有高は2011年末で72.5トンである。

なお、2015年12月末のNYMEXの指定倉庫在庫は2.6トン、東京商品取引所の倉荷証券流通量は0.3トンとなっている。

5．世界のパラジウム市場

世界のパラジウム市場は白金と同様に、現物取引はロコ・チューリッヒ、先物取引は東京商品取引所、ニューヨーク・マーカンタイル取引所（NYMEX）にも上場されている。

（1） ロコ・チューリッヒ

金と同様に、ロコ・チューリッヒと呼ばれるチューリッヒ渡しの現物の相対取引が行われ、ロンドン市場をはるかに凌いで世界の基準としての地位を確立している。

（2） 東京商品取引所

1992年8月に上場（当初は試験上場）された。1992年の年間出来高は40万4,091枚で、上場初年からNYMEX（6万8,181枚）を上回った。もっとも、現物市場の規模そのものが白金よりもさらに小さいため、先物市場の拡大にも限界があり、市場規模の指標となる総取組高は1993年3月に一時9万枚台を記録した後、長期にわたって数万枚台に低迷した。しかし、1997年には、日本にとって最大の供給ソースであるロシアからの供給障害懸念を背景

に、取引が増加し、総取組高は初めて10万枚の大台を記録した。ただ、2000年の価格高騰による価格凍結措置により、年間出来高は2000年の100万枚台から2002年の8万枚台に急減した。その後、2010年の年間出来高は15万6,946枚まで回復していたが、2014年は7万6,823枚と減少している。

(3) ニューヨーク・マーカンタイル取引所

米国でのパラジウム取引は、ニューヨーク・マーカンタイル取引所（NYMEX）の先物市場が中心となる。NYMEXで取引される品位は、99.95％、売買単位は100トロイオンス（約3.11キログラム）で、呼値は1トロイオンス当たり10セント（10分の1ドル）となっている。

東京商品取引所の価格凍結措置などを受けて2000年以降、取引は低迷したが、2003年の価格底入れとともに商いが回復した。リーマンショック以降の年間出来高は、2009年の40万821枚から2014年に157万3,969枚と約4倍に増加している。

6．情報ソース

白金と同様に世界的に最も注目されるのが、英国のジョンソン・マッセイ（JM）社が年2回発表する白金需給統計であったが、2013年版をもって、発行を取りやめている。

トムソン・ロイター・ゴールド・フィールズ・ミネラル・サービシズ（GFMS）社は、2004年から需給報告「プラチナ&パラジウム・サーベイ」を発表している。

また、毎月下旬に財務省が発表する貿易統計も、日本の需要動向をみる上で有効な判断材料となる。

7．取引要綱

東京パラジウム

取引の種類	現物先物取引
標準品	純度99.95％以上のパラジウム地金
売買仕法	システム売買による個別競争売買（複数約定）
限月	新甫発会日の属する月の翌月から起算した12か月以内の各偶数月（6限月制）
新甫発会日	当月限納会日と同日とし、日中立会終了後の夜間立会から
当月限納会日	受渡日から起算して4営業日前に当たる日（日中立会まで）
受渡日時	毎偶数月末日の正午まで（12月の受渡日は28日の正午まで。受渡日が休業日または大納会に当たるときは順次繰り上げ）
受渡供用品	標準品と同等であって、取引所が指定する商標等の刻印のあるもの。受渡品の供用量目の許容限度増減は15％以内
受渡場所	取引所の指定倉庫（東京都所在の営業倉庫）
受渡方法	渡方は受渡品に関わる取引所指定倉庫発行の倉荷証券を、受方は受渡値段による受渡代金をそれぞれ当社に提出して行う。
立会時間	日中立会：午前9時00分～午後3時15分 夜間立会：午後4時30分～翌日午前4時00分
取引単位	500グラム（1枚）
受渡単位	3キログラム（1枚）　＊受渡単位1枚は取引単位6枚分に相当
呼値とその値段	1グラム当たり1円刻み
CB幅	夜間立会開始時に前計算区域の帳入値段 （新甫発会の場合は隣接限月の帳入値段）を基に設定
証拠金	㈱日本商品清算機構が証拠金額計算の基礎となる値（変数）を決定
建玉数量の制限（委託者）	売または買のそれぞれにつき次の数量 　　　　　一般委託者 　　1番限月（納会月）　　　60枚 　　1限月（納会前月）　　120枚 　　2番限月　　　　　　　240枚 　　合計　　　　　　　2,500枚 当業者、投資信託等およびマーケット・メーカーの委託者 　　1番限月（納会月）　　　450枚 　　1限月（納会前月）　　600枚 　　2番限月　　　　　　1,200枚 　　合計　　　　　　　9,000枚

注：2015年12月末現在。その後の変更については、各商品取引所の通知を参照されたい。

ニューヨーク　パラジウム

取引所	ニューヨーク・マーカンタイル取引所（ＮＹＭＥＸ）
取引方法	CMEグローベックス、CMEクリアポート、オープン・アウト・クライ（NY）
取引時間	CMEグローベックス CMEクリアポート	米東部標準時間午後6時00分～午後5時15分（日～金） （午後5時15分から45分休止）
	オープン・アウト・クライ	米東部標準時間午前8時20分～午後1時30分（月～金）
売買単位	1枚100トロイオンス
呼値と単位	1トロイオンス当たり0.1ドル
納会日	受渡月の最終営業日から3営業日前
限月	15か月以内の3、6、9、12月の各月および当月を含む直近の3か月
受渡日	第1営業日から最終営業日まで

注：2015年12月末現在。

巻末データ

チャート1　ニューヨーク金ドル建て現物相場週足

単位：ドル

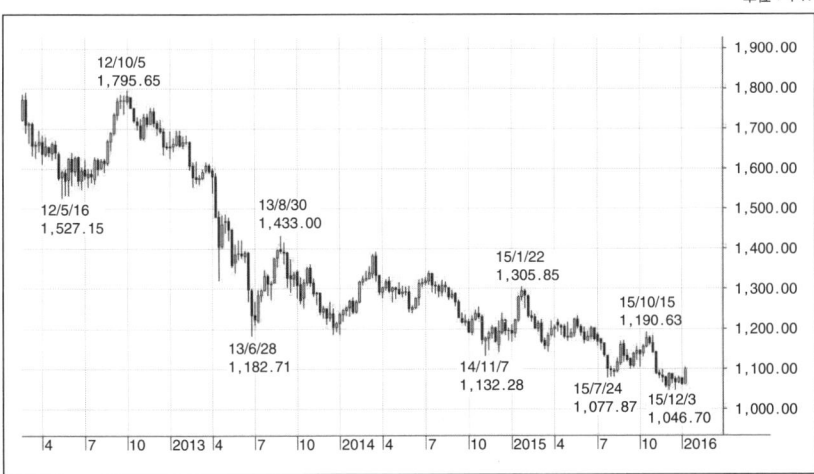

- 12/5/16　1,527.15
- 12/10/5　1,795.65
- 13/6/28　1,182.71
- 13/8/30　1,433.00
- 14/11/7　1,132.28
- 15/1/22　1,305.85
- 15/7/24　1,077.87
- 15/10/15　1,190.63
- 15/12/3　1,046.70

チャート2　ニューヨーク金ドル建て現物相場月足

単位：ドル

- 99/8　251.70
- 11/9　1,920.25
- 15/12　1,046.70

〈巻末データ〉　115

チャート3　東京金先限週足

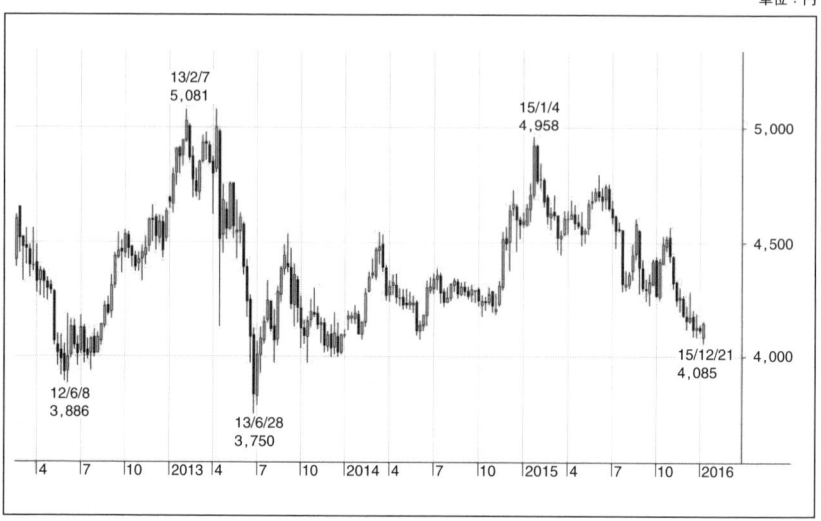

チャート4　東京金先限月足

チャート5　ニューヨーク銀ドル建て現物相場週足

単位：ドル

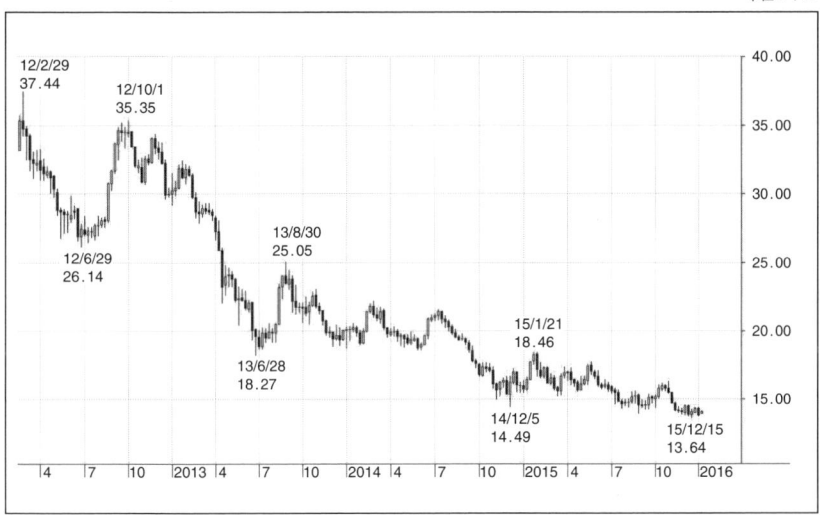

チャート6　ニューヨーク銀ドル建て現物相場月足

単位：ドル

〈巻末データ〉

チャート7　東京銀先限週足　　　　　　　　　　　　　　　　　　単位：円

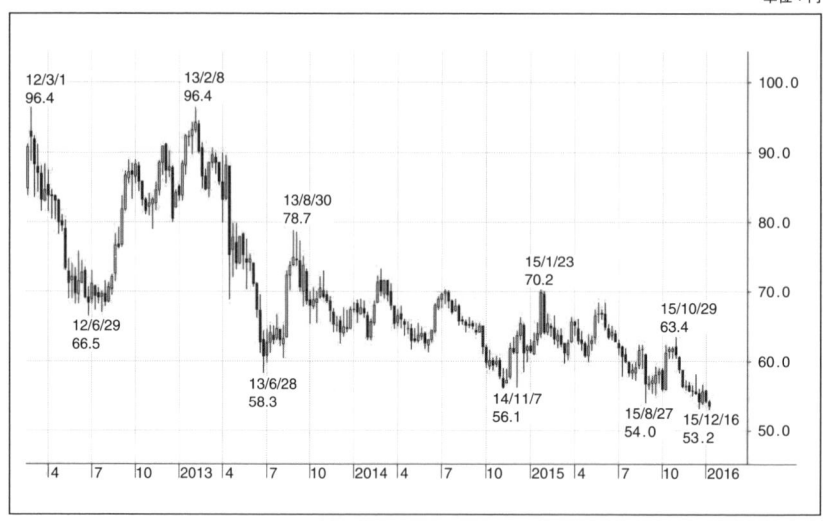

チャート8　東京銀先限月足　　　　　　　　　　　　　　　　　　単位：円

チャート9　金銀比価（ドル建て現物ベース換算）

チャート10　ニューヨーク白金ドル建て現物価格週足

単位：ドル

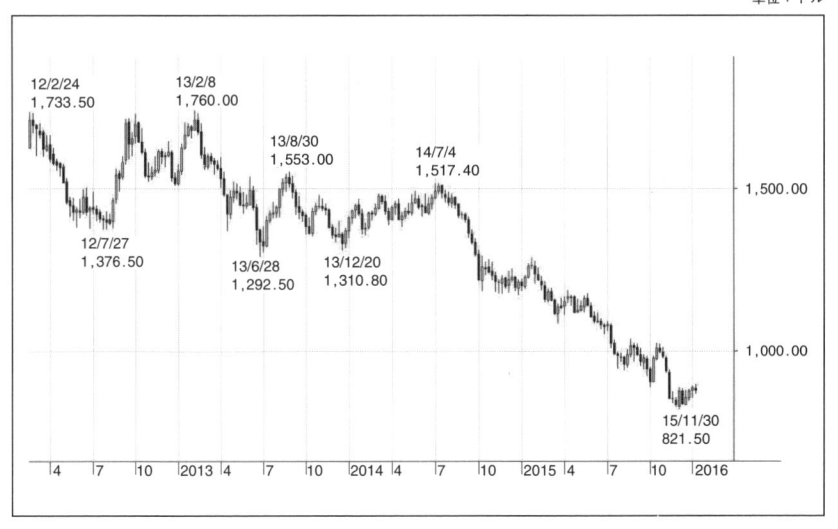

〈巻末データ〉　119

チャート11　ニューヨーク白金ドル建て現物価格月足　　　　単位：ドル

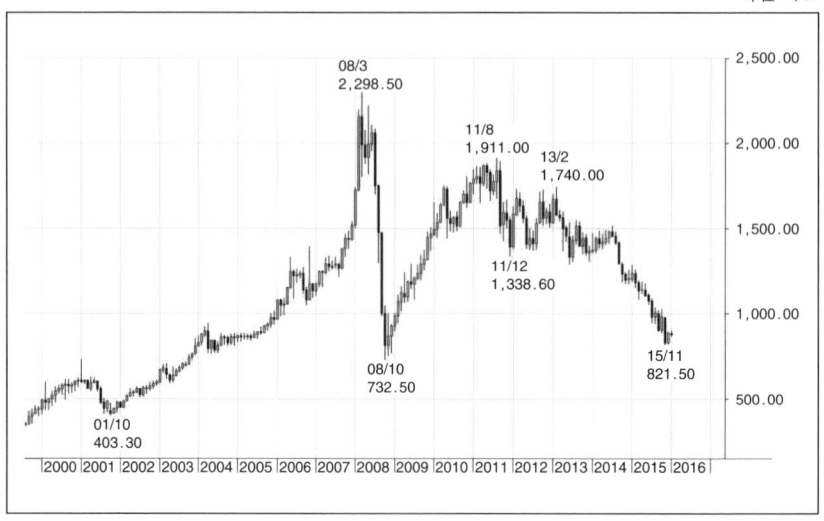

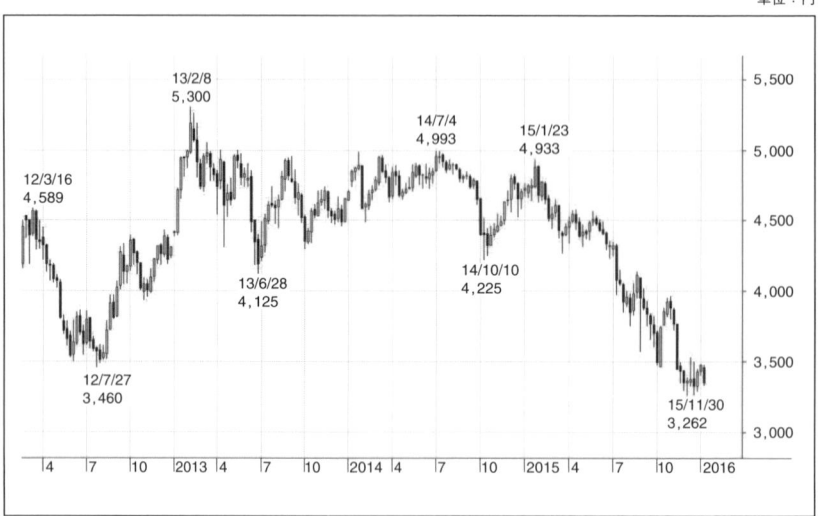

チャート12　東京白金先限週足　　　　単位：円

チャート13　東京白金先限月足　　　　　　　　　　　　　　　単位：円

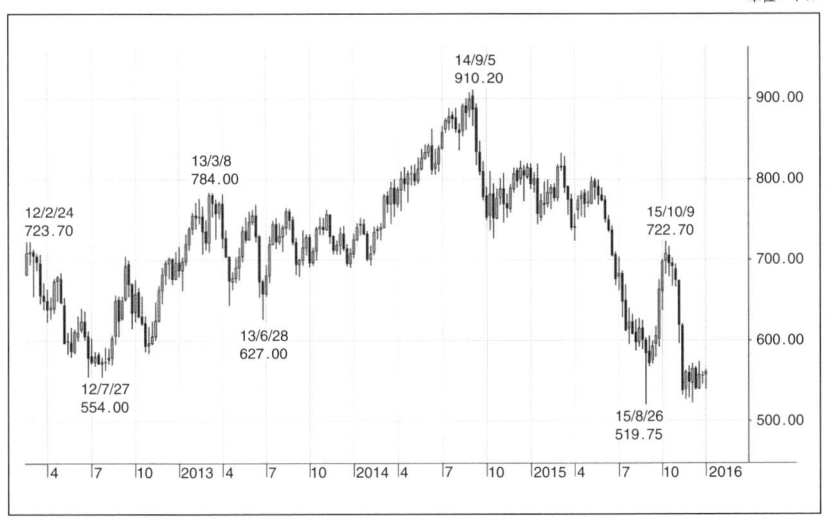

08/3 7,427
10/4 5,304
13/2 5,300
11/12 3,376
15/11 3,262
08/12 2,276
99/9 1,128

チャート14　ニューヨークパラジウムドル建て現物価格週足　　　単位：ドル

14/9/5 910.20
13/3/8 784.00
12/2/24 723.70
15/10/9 722.70
13/6/28 627.00
12/7/27 554.00
15/8/26 519.75

〈巻末データ〉　121

チャート15　ニューヨークパラジウムドル建て現物価格月足

単位：ドル

チャート16　東京パラジウム先限週足

単位：円

チャート17　東京パラジウム先限月足　　　　　　　　　　　　　　　単位：円

01/1 3,710
15/3 3,211
08/3 2,076
11/2 2,305
11/10 1,330
03/4 556
08/12 499

チャート18　ユーロドル月足　　　　　　　　　　　　　　　単位：ユーロ＝ドル

08/07 1.6039
11/05 1.4940
04/12 1.3666
05/11 1.1637
10/06 1.1874
15/03 1.0461
00/10 0.8228

〈巻末データ〉　123

チャート19　ドル円月足

単位：ドル＝円

02/1 135.10
07/6 124.15
15/6 125.85
99/12 101.25
05/1 101.65
11/10 75.54

チャート20　日経225月足

単位：円

00/4 20,833.21
07/2 18,300.39
13/5 15,942.60
15/6 20,952.71
03/4 7,063.76
08/10 6,994.90

124

チャート21　ＮＹダウ平均株価月足

単位：ドル

00/1
11,750.28

02/10
7,197.49

07/10
14,198.10

09/3
6,469.95

11/5
12,896.00

15/5
17,733.12

図表35　東京貴金属市場　出来高推移

年間出来高表

単位：枚

	東京商品取引所			
	金	銀	白　金	パラジウム
1992	4,193,775	231,864	4,631,724	404,091
1993	8,764,441	661,452	4,984,480	2,275,843
1994	12,481,095	1,042,185	4,551,406	774,284
1995	10,945,134	1,440,297	5,975,872	629,034
1996	9,510,941	752,995	6,895,464	434,163
1997	8,871,965	792,844	10,839,577	3,817,892
1998	9,373,909	1,679,647	16,944,343	5,194,391
1999	16,011,962	966,838	13,277,043	5,832,649
2000	7,841,692	558,770	13,577,201	1,007,307
2001	9,791,711	660,864	16,244,583	117,098
2002	20,506,652	930,886	14,436,155	87,883
2003	26,637,897	1,160,565	14,211,824	275,322
2004	17,385,766	1,473,370	13,890,300	438,934
2005	17,958,240	817,624	8,573,313	323,347
2006	22,228,198	858,153	11,018,069	361,478
2007	18,203,194	536,583	9,169,890	207,867
2008	15,163,975	301,216	6,940,348	684,682
2009	11,913,502	111,775	3,617,988	107,829
2010	12,198,340	236,296	4,390,452	156,946
2011	16,075,145	373,445	3,455,529	110,163
2012	11,895,357	120,436	3,489,874	59,934
2013	12,224,611	96,374	4,278,478	79,352
2014	8,744,990	85,963	4,593,224	76,823
2015	7,927,825	62,575	3,853,480	62,574

取引単位：東京の金1枚は1キログラム、銀1枚は10キログラム、白金1枚は500グラム、パラジウム1枚は500グラム。

図表36　ニューヨーク貴金属市場　出来高推移

年間出来高表

単位：枚

	ニューヨーク・マーカンタイル取引所			
	金	銀	白　金	パラジウム
1992	6,000,717	3,016,335	576,161	68,181
1993	8,900,572	4,854,140	653,163	114,993
1994	8,503,428	5,995,326	895,795	146,337
1995	7,769,430	5,174,664	844,182	167,073
1996	8,847,133	4,825,959	797,051	202,765
1997	9,524,270	4,887,362	697,812	244,491
1998	8,989,137	4,094,481	528,396	130,856
1999	9,487,119	4,094,403	564,018	75,164
2000	6,536,032	3,080,162	317,150	50,782
2001	6,787,371	2,561,162	206,180	25,837
2002	9,017,529	3,134,992	217,188	41,143
2003	12,236,866	4,080,617	269,151	92,282
2004	14,959,641	5,006,095	297,103	273,931
2005	15,890,612	5,535,963	376,767	319,838
2006	15,939,628	5,435,776	373,119	380,190
2007	25,060,317	6,813,529	501,545	414,310
2008	38,377,367	8,917,183	675,543	483,828
2009	35,135,992	7,989,953	802,884	400,821
2010	44,730,345	12,826,666	1,486,507	901,584
2011	49,175,583	19,608,557	1,993,263	1,139,529
2012	43,893,311	13,315,679	2,621,704	1,118,480
2013	47,294,551	14,475,593	3,262,775	1,486,016
2014	40,518,803	13,631,391	3,235,941	1,573,969
2015（暫定）	40,945,471	13,256,579	3,570,664	1,308,116

取引単位：ニューヨークの金1枚は100toz、銀1枚は5,000toz、白金1枚は50toz、パラジウム1枚は100toz。

┌─── ◆ 企画・校閲協力 ───┐
│   │
│   佐藤　隆司   │
│   │
│   （エイチスクエア株式会社）   │
│   │
└──────────────────────┘

コモディティハンドブック【貴金属編】
〔第2版〕

平成28年7月15日　第1刷発行
（平成25年3月1日　初版第1刷発行）

　　　　　　著　者　日本商品先物取引協会
　　　　　　発行者　小　田　　徹
　　　　　　印刷所　株式会社太平印刷社

〒160-8520　東京都新宿区南元町19
発　行　所　一般社団法人　金融財政事情研究会
　　編集部　TEL 03（3355）2251　FAX 03（3357）7416
販　　売　株式会社きんざい
　　販売受付　TEL 03（3358）2891　FAX 03（3358）0037
　　　　　　URL http://www.kinzai.jp/

・本書の内容の一部あるいは全部を無断で複写・複製・転訳載すること、および
　磁気または光記録媒体、コンピュータネットワーク上等へ入力することは、法
　律で認められた場合を除き、著作者および出版社の権利の侵害となります。
・落丁・乱丁本はお取替えいたします。定価はカバーに表示してあります。

ISBN978-4-322-12848-2